AF441122

Catalogación en la publicación — Biblioteca Nacional de Colombia

González García, Iván Antonio, 1962-
    Benkos, el héroe de la Matuna / Iván González García ;
ilustrado por Daniel Calderón. -- 2a. ed. -- Bogotá : Editorial
Magisterio, 2018.

    p. 120 (Colección oso de anteojos)
    Incluye datos biográficos del autor al final del texto.
    ISBN 978-958-20-1219-9

    1. Novela colombiana - Siglo XXI 2. Esclavitud en Colombia -
Novela I. Calderón, Daniel, il. II. Título III. Serie

CDD: Co863.5 ed. 23   CO-BoBN– a1010130

BENKOS
EL HÉROE DE LA MATUNA

IVÁN GONZÁLEZ GARCÍA

ILUSTRADO POR **DANIEL CALDERÓN**

Colección Oso de Anteojos

© Iván González García

© Cooperativa Editorial Magisterio
Diagonal 36bis no 20-70
PBX: 0571-3383605
Bogotá, D.C. Colombia
www.magisterio.com.co

ISBN: 978-958-20-1219-9

Seguna edición 2018

Diseño e ilustración: Daniel Calderón

*A San Basilio de Palenque.
A la gente de Nariño y la calle Santander,
en el barrio donde nací.
A las barriadas de Cartagena.
A los afro, regados por el mundo.
Al cura Mario, mi amigo.
A mi abuela Alina.
A mi familia.*

I

El viaje duró cuarenta y cinco días con sus noches, hasta que por fin el barco, cargado de esclavos negros, traídos de África, llegó al Muelle de las Ánimas de Cartagena de Indias, donde los empezaron a desembarcar, uno a uno, en presencia de las autoridades de la ciudad.

Cartagena era el puerto más importante que tenía España en el Caribe, uno de los lugares autorizados en América para negociar esclavos y punto de aparcamiento de su Flota de Galeones.

Los iban bajando del barco, encadenados, disminuidos y derrotados, por la impotencia ante lo terrible que había sido ese viaje; por no entender lo que ocurría, por no comprender la razón de tanto dolor y tanta humillación. Sus lágrimas se confundían con el sudor de sus brillantes y musculosos cuerpos. La luz del sol los encandilaba y solo les dejaba ver sombras a lo lejos, mientras intentaban adivinar a qué lugar del infierno habían arribado.

Siempre era así y todo parecía normal, los negros llegaban muertos de miedo, cansancio y dolor, sin fuerzas para luchar frente a algo que no entendían, frente a un enemigo que no les daba ninguna oportunidad.

Pero esta vez, los gritos y la algarabía que armaba un joven negro, muy alto, semidesnudo y sangrante, con músculos que parecían de acero, que forcejeaba y arengaba en una lengua extraña, llamó la atención de todos en el puerto. La llegada de los barcos cargados de esclavos era todo un evento social en la ciudad, todos salían a disfrutar lo que consideraban un espectáculo, en el que reían y gritaban hurras cuando los esclavistas maltrataban a los negros o cuando les quitaban la ropa para humillarlos.

Todo parecía transcurrir igual, pero no era así, esta vez algo estaba ocurriendo de manera diferente, algo no estaba funcionando igual; todos callaban y observaban asombrados, porque no todo estaba en su sitio, algo extraordinario estaba pasando, algo que acontecía con ese negro inmenso que intentaban bajar por la escalerilla del barco.

— ¡Baja, negro! — le increpaba un hombre con el látigo en la mano, mientras otros dos lo empujaban.

— Nadie me ha vencido en combate, tengo derecho a luchar por mi libertad — gritaba con furia el negro, sin dejarse mover un centímetro, a pesar de las cadenas que lo ataban.

— ¡Muévete, Maldito, muévete! — vociferaba otro de los esclavistas, desesperado ante la humillación de no poder con el negro ante tanto público.

— ¡Quítenme estas cadenas, traidores, cobardes!... ¡soy un guerrero! Soy Benkos de Biohó y nadie me ha ganado en combate — gritaba con una voz que asustaba y unos ojos amarillos que parecían despedir fuego.

— ¡Cállate, animal! — ripostaba el español, cada vez con menos convicción.

— ¡Los esclavos se ganan en la guerra, cobardes!... ¡Soy un guerrero y antes debo ser vencido! — repetía el enorme muchacho, que parecía plantado en el piso de la escalerilla del barco.

En el muelle se encontraban algunas autoridades españolas, comerciantes negreros y gentes de todas las raleas: españoles, criollos, negros esclavos y algunos indios, como sucedía cada vez que llegaba un barco cargado de negros. Y entre toda esa gente se hallaban también las mujeres más bellas de la ciudad, quienes miraban al esclavo recién llegado, sorprendidas y maravilladas por su enorme potencia, su musculatura, su carácter indomable, su porte y su belleza física.

El español no sabía qué hacer, porque no era capaz de moverlo, mientras que el negro los zarandeaba a los tres a pesar de estar encadenado y se daba cuenta que no estaba logrando nada con los latigazos, que el corpulento muchacho parecía no sentir. Lo volvió a golpear con furia e impotencia, pero el capitán desde la cubierta del barco le gritó furioso:

— ¡Ya basta, no seas bruto! me vas a dañar la mercancía.

— Es que no se deja mover, capitán — contestó el hombre del látigo, desesperado.

— Que te ayuden cuatro hombres más, a ver si son capaces — replicó con rabia y decepción el capitán, quien notaba con preocupación el ridículo en que los estaba poniendo el negro, frente a la gente que observaba.

El joven Benkos aprovechó la distracción y se lanzó con fuerza y agilidad encima de uno de los hombres que intentaban bajarlo del barco, derribándolo con facilidad, logrando que la gente lanzara una exclamación de asombro y admiración. Éste se levantó magullado y furioso y alzando el látigo se le encaminó dispuesto a golpearlo nuevamente. Todos miraron expectantes la situación que se presentaba.

— ¡Negro desgraciado, te voy a matar! — gritó el del látigo, pero la voz del capitán lo paró en seco.

— ¡Ni te atrevas a tocarlo… ese negro vale su peso en oro!… ¡mucho cuidado!

— Pero… ¿qué hacemos?

— ¡Que vengan los hombres más fuertes! ¡Y pónganle grilletes!

Finalmente, entre unos diez hombres lograron reducirlo con mucha dificultad, colocándole grilletes, aunque no dejaba de gritar mientras lo bajaban; ahora lo hacía arengando a la gente que observaba impávida, sin entender su lengua extraña.

Entre las personas que miraban con asombro lo que ocurría, estaba Gloria Isabel de Suazo, hija del gobernador, acompañada de Mamakay, su esclava. Las dos mujeres miraban sorprendidas al joven Benkos por su enorme ímpetu, su porte y musculatura, pero, sobre todo, por su carácter indomable.

Benkos sintió la mirada de las mujeres y la devolvió con la misma intensidad, sosteniéndola sobre ellas un instante, pero con un sentimiento indefinido.

— ¿Le vieron la mirada?, es una verdadera fiera — dijo un comerciante.

— Nunca había visto algo así — aseguró otro.

— Es hermoso, parece de hierro — se le salió a Gloria Isabel, entre dientes, al oído de Mamakay.

— ¿Qué es lo que grita? ¿Tú entiendes? — le preguntó interesada a su esclava.

— Dice que es un guerrero, — respondió la negra, traduciendo — que se llama Benkos y es de Biohó… que a él, nadie lo puede esclavizar, porque nadie lo ha vencido.

— ¿Viste cómo me miró? ¿Por qué me miraría así? ¿Rabia? ¿Dignidad? ¿Acaso tiene alma? ¡Vamos donde papá!

II

Mientras en el muelle ocurría el suceso de Benkos, en su despacho, el gobernador don Gerónimo de Suazo y Casasola, recibía la visita de Don Nicolás del Castillo y Casasola, cabildante, primo suyo, quien acompañaba a don Juan de Palacio, dueño de una de las grandes plantaciones de la región.

Don Nicolás, de acuerdo a la costumbre, hacía de padrino de don Juan quien, a pesar de la diferencia de edades, pretendía a Gloria Isabel, para convertirla en su esposa.

A lo largo de la Colonia, en la mayoría de los casos, el matrimonio de las mujeres aristocráticas se realizaba por intereses políticos o económicos y no por amor.

Gloria Isabel era una joven bonita e inteligente, de cabellos negros rizados, ojos oscuros y piel muy blanca, con algunas pecas pícaras, que le regalaban una gracia especial a su rostro. Acababa de cumplir veinte años, por lo que se consideraba que ya estaba en edad de merecer y tenía varios pretendientes, todos mayores y ricos, pero ninguno de su gusto.

Los arreglos matrimoniales los llevaban a cabo los padres que exploraban sobre el pretendiente ideal para sus hijas y para ellos.

— Don Juan, a quien conoces bien, me ha pedido, que le sirva de padrino o intermediario para manifestarte sus intenciones de pretender a tu querida hija Isabelita — dijo don Nicolás con exagerada solemnidad.

— Como usted sabe, señor gobernador, ésta sería una unión muy conveniente para ambos, porque mis bienes no son pocos, lo cual unido a su prestigio político, cercanía a la corona y necesidades económicas, nos podría traer muy buenos dividendos — agregó con frialdad don Juan, como si se tratara de cualquier negocio.

— De eso no cabe la menor duda, don Juan, cualquier familia se sentiría honrada con emparentar con un hombre como usted, pero, ¿ya habló usted con la niña?, ¿sabe ella de sus pretensiones?

— ¿Con la niña?… ¿para qué? — preguntó don Nicolás. — La decisión matrimonial es demasiado importante para dejársela a los jóvenes… capaz es una niña de esta edad, de despreciar semejante oportunidad que le pone la vida en bandeja, por estar enamorada de alguien por ahí… ¡creo que la decisión es tuya, primo!

— De todas maneras es mi hija y la conozco, no es alguien a quien se le puedan imponer las cosas de esta manera, les prometo que voy a hablar con ella sobre el tema, y les ruego que no lo hagan antes que yo, porque puede ser contraproducente — comentó el gobernador, con marcada preocupación en el rostro.

— ¿Qué tal que se enamore de un indio, un mulato o lo que es peor, de un negro? — dijo don Nicolás con cierta saña. — ¿Has contemplado esa posibilidad?

— No digas eso ni en broma… ¡es una Casasola! — respondió el gobernador, dejándose provocar del primo.

— Bueno, ahí está la propuesta sobre la mesa — dijo don Juan, un poco inquieto. — Usted verá lo que hace, puede ser su salvación.

En ese momento alguien tocó el aldabón de la puerta y el gobernador lo recibió como un salvavidas para no dar una respuesta en el momento.

— ¡Siga! — respondió de inmediato —, don Juan, le prometo hacer lo posible.

Don Juan iba a decir algo, pero en ese momento entró el alguacil García agitado.

— Hubieran visto ustedes eso... es un hombre enorme, señor... más negro que ninguno. Si viera qué fuerza... diez hombres no podían con él... y al pobre Felipillo que ha tratado de moverlo, le ha dado un cabezazo en el pecho que le ha hecho caer de fundillo...

Gloria Isabel, acompañada de su esclava, llegó al despacho de su padre, al tiempo que García le refería al gobernador y a sus visitantes los pormenores de la llegada del último barco y de lo ocurrido en el puerto con el esclavo recién desempacado.

— No tiene por qué exagerar, García — dijo el gobernador, calmándolo.

— No es exageración, padre, he estado allí y he sido testigo de lo que este hombre cuenta. Es el mejor ejemplar que he visto jamás en mi vida... Mamakay dice que gritaba que era un guerrero o un príncipe... o algo así.

— Un esclavo... eso es lo que es, nada más — dijo el gobernador con fastidio.

— Todos dicen haber sido príncipes o no sé qué cosa en su tierra — agregó escéptico don Nicolás.

— ¿Cuándo han visto ustedes a un príncipe negro? — preguntó Don Juan Palacio, burlón.

Los tres hombres rieron a carcajadas, mientras el alguacil tragaba saliva y trataba de seguir explicando y las dos mujeres dejaban ver la molestia en su rostro sin ningún disimulo.

— Les juro que nunca se había visto algo así — repetía García con desesperación y parecía botar candela por los ojos. — Créanme que esto ha causado escándalo en toda la ciudad... todo el mundo lo comenta...

De repente Gloria Isabel dijo con toda su convicción:

— ¡Quiero a ese esclavo, papá!

Todos se miraron sorprendidos por el extraño deseo de doña Gloria Isabel, que era una petición a su padre.

— ¡Estás loca!...¿acaso no tienes a Mamakay? — replicó molesto su padre.

— ¿Cómo dicen que se llama? — preguntó interesado don Juan.

— ¿Quién? — dijo sorprendido el gobernador.

— El esclavo — respondió don Juan.

— ¡Benkos! — expresó Mamakay.

— Ese no es un nombre cristiano — adujo don Nicolás, quien estaba sorprendido por el tema de la conversación.

— ¿Acaso le interesa? — preguntó el gobernador.

— No, no... solo me llama la atención lo que comentan — contestó el hacendado, un tanto enigmático.

— Bueno y ahora al grano, García... ¿Cuántos negros llegaron en este embarque? — preguntó el gobernador, tratando de darle punto final al asunto.

— Sí, señor... 562 cabezas, 493 eran «piezas», 12 muleconas y mulecones... — le empezó a enumerar el alguacil, quien era el encargado de presentar ese informe al gobernador.

III

Los esclavos se sacaban a la venta en pública subasta, siendo pregonada su realización por las calles y plazas más concurridas de la ciudad. Estas subastas se efectuaban en la plaza principal, cerca de las murallas. Las ofertas subían de cinco en cinco, de diez en diez o de quince en quince pesos, según lo acordado y también eran anunciadas por un negro pregonero que tenía voz de trueno. Los interesados en la compra ponían las condiciones que creían necesarias.

La venta se hacía al pie de las murallas en un espacio rodeado de barracones y dividido por empalizadas. Los posibles compradores examinaban a los negros minuciosamente, tentando sus músculos, llevando a la lengua el dedo impregnado de su sudor y llegando sin rubor hasta la inspección de lo más secreto.

— Está buena la mercancía — afirmó un hombre, flaco y desgarbado, mientras recorría al enorme negro con la mirada.

— Tiene buen sabor — dijo una mujer que lo acompañaba, después de impregnar su dedo del sudor de Benkos y llevarlo a la boca para lamerlo.

— ¡Mira...ahí está!... ¡Qué estampa, Dios mío! — exclamó Gloria Isabel, descubriéndolo a lo lejos.

— Pero... ¿Qué hace esa? — dijo con indignación.

— Le prueba el sabor, ama — le contestó la joven esclava, como si se tratara de lo más normal.

— Qué falta de respeto, Dios mío — exclamó aterrada Gloria Isabel.

—¿Lo va a comprar, ama? — preguntó Mamakay. Agregando: — hombres así no abundan.

— Ay, no sé Mamakay… depende del costo, mi papá no me lo quiso regalar, pero tengo mis ahorros y tal vez… vamos a ver qué ocurre.

— ¡Pero, mire!… ¿Qué hace don Juan aquí? — le interrumpió Mamakay.

— ¿Dónde? — indagó la joven.

— Allá, mi ama — le indicó, señalándole con el dedo hacia la tarima.

La plaza estaba totalmente abarrotada de gente de todas las índoles, interesadas en conocer al negro gigante que había protagonizado el escándalo en el muelle. Gloria Isabel, buscaba la manera de acercarse al lugar donde tenían a Benkos, cuando se escuchó la fuerte voz del pregonero.

— ¡Empieza la subasta!… saquen sus monedas… prepárense señores, que este no es un ejemplar cualquiera… ¡nueve palmos, nueve!… dentadura completa… 22 años… miren qué musculatura.

— ¡Doy 180 pesos! — dijo un hombre gordo y colorado.

— ¡180 a la una, 180 a las dos! — gritaba a todo pulmón el pregonero.

— ¡200! — aulló la mujer que lo había probado con el dedo anteriormente.

— ¡Doscientos!, la señora ofrece doscientos pesos.

— No se lo deje quitar, mi ama — le dijo Mamakay, agarrándola por el brazo.

— ¡Trescientos! — gritó Gloria Isabel, con angustia en su voz.

— Trescientos a la una, trescientos a las dos… — cantaba el pregonero.

El corazón de Gloria Isabel empezó a latir a mil, mientras le rogaba a Dios que le permitiera quedarse con ese esclavo para siempre. Pero cuando ya todo parecía definido, otra mujer que ella había visto en el muelle gritó con fuerza:

— ¡Trescientos cincuenta!

— ¿Trescientos cincuenta?... se lo llevó esa mujer, Mamakay, se lo llevó esa mujer — dijo con tristeza —, no tengo más dinero.

— Trescientos cincuenta, a la una... trescientos cincuenta, a las dos, trescientos cincuenta a las...

— ¡Quinientos!... doy quinientos por ese esclavo — gritó don Juan Palacio, sin moverse del sitio donde estaba.

Benkos observaba la escena desde su incómoda posición de víctima, de mercancía puesta a la venta, y no lo podía creer, lo estaban vendiendo en una plaza pública como a un animal y sin poder hacer absolutamente nada. El enfrentamiento del muelle le había demostrado que tenía que pensar en otra estrategia que le permitiera vencer. No podía enfrentar solo a tantos hombres armados, en un lugar que no identificaba él, que tanto amaba la libertad y tanto había luchado por ella; estaba ahora allí, quién sabe en qué lugar del mundo y sin saber ante quiénes, a punto de ser esclavizado.

— ¡Quinientos a la una!, ¡quinientos a las dos!... ¡Quinientos a las tres!... ¡Vendido este hermoso ejemplar a don Juan Palacios!

IV

Mientras con esa algarabía de mercado se desarrollaba la subasta en la que lo vendían, su pensamiento se fue a Biohó, su tierra en el África... y se acordó del momento en que desobedeció a su padre, el viejo Benkos, descendiente de nobles, quien dirigía el hogar según mandaban los cánones de su casta y no admitía desafío alguno a su autoridad. Había decidido que su hijo mayor, Benkos, quien este año cumplía 21 lunas, se casara con Adjo, hija del viejo Joko, de buena cuna como ellos, de acuerdo a lo que habían convenido el día que la niña nació.

Pero el joven Benkos, que era un rebelde por naturaleza, rehusó someterse a la autoridad paterna porque creía amar a la bella Mawa, una campesina con piel de ébano de la que estaba enamorado desde niño.

— Y esa es mi decisión y es tu deber... te casarás con la bella Adjo en la próxima luna — le dijo el viejo Benkos esa noche.

— Pero, padre... amo a Mawa — le contestó él, sabiendo que con su padre no había marcha atrás.

— Esos son caprichos del corazón... como mi primogénito tienes deberes... y si no me obedeces, ya sabes lo que tienes qué hacer — le advirtió su padre con firmeza.

— Me voy, padre — respondió el joven.

— ¿Reniegas de tu casta?

— Solo quiero ser libre, padre... tú me lo enseñaste.

— Pero también te enseñé que había deberes... tienes que ser fiel a tu casta... a tus ancestros...

— Tengo que ser fiel a mí mismo, padre. También me lo dijiste.

— Eres un egoísta.

— Soy un guerrero y, sabes, daría mi vida por mi pueblo, por mi gente, pero no voy a casarme con una mujer que no amo, padre. No puedo, pero no sabes cuánto me gustaría obedecerte.

Esa misma noche dejó su casa para unirse a los grupos de bigajos que se movían por las bahías y estuarios de las islas Bigajo en grandes canoas de madera, que remaban ágilmente entre 24 hombres y que se deslizaban por las noches saltando sobre beafadas, papels, balantas y nalus.

Los bigajos eran guerreros atrevidos, magníficos nadadores y excelentes navegantes que cuidaban y defendían a su pueblo, en medio de las terribles guerras tribales que azotaban esa región de África occidental.

— ¿Vamos a atacar esta noche? — preguntó Ossai, su mejor amigo y gran guerrero también.

— ¿Tienes alguna información?

— Solo sé que son unos balantas... necesitamos tener un buen plan.

— Atacar primero es el mejor plan, eso los sorprenderá — explicó Benkos a su compañero y amigo. — La mejor defensa es el ataque — agregó.

Esa noche, mientras dormía en una canoa, que se mecía al ritmo de las olas, soñó que el viejo lo veía meterse al mar, por allá, por donde se oculta el sol. Desde niño había escuchado montones de historias terribles acerca del mar, en las que enormes monstruos se tragaban a los viajeros que se atrevían a desafiar los confines del universo.

El cielo se fue poniendo rojo hasta ser un intenso globo de color y ya no lo vio más, pero alcanzó a gritarle:

— ¡No, Benkos, no!... hacia allá no... está lleno de monstruos.

— ¡Papaaaaá!, ¡papaaaaaa! — gritaba el gigantesco joven, cuando abrió los ojos en medio de la plaza llena de gente, viendo y comprando esclavos, mientras los hombres de don Juan Palacio, quien lo acababa de comprar, intentaban asirlo de los brazos, para llevarlo hacia la hacienda de su amo, pero él continuaba gritando—¡Papaaaaaaaaá!, ¡noooo!, ¡papppaaaá!

Intentó mover los brazos y las piernas con todas sus fuerzas para correr, pero las cadenas y grilletes, no se lo permitieron. Solo entonces comprendió que soñaba despierto, en medio de ese terrible espectáculo del que era protagonista.

— ¿Qué le pasa a este salvaje? Amárrenlo bien y llévenlo de inmediato para la hacienda — gritó don Juan, preocupado. No le quiten los grilletes por nada del mundo, miren que me costó quinientos pesos.

V

El viejo Benkos sabía que su mujer tenía cualidades premonitorias y cuando interpretaba un sueño casi siempre acertaba.

Estaba sobresaltado y nervioso, cavilando sobre la férrea educación que creía haberle brindado a su hijo, correspondiente a su linaje y a la responsabilidad a la que lo obligaba su noble casta.

— ¿Qué? ¿qué te pasa? — preguntó la mujer.

— No... no sé... estaba soñando... un sueño feo. Lo vi en peligro... vi a Benkos en peligro.

— ¿A Benkos?... Entonces debemos prepararnos para lo peor — dijo la mujer con enorme tristeza.

— ¿Qué quieres decir? — preguntó el viejo ansioso.

— Algo malo se acerca... no me gustó ese cielo rojo de tu sueño.

— ¿Cielo rojo?... ¿cómo lo sabes? — inquirió el viejo asustado. No entiendo su desobediencia... desde que nació le hablé de las hazañas de sus antepasados; reyes, cazadores y guerreros de hace cientos de lluvias... le conté del esplendor de nuestro imperio, de su compromiso con nuestros ancestros...

El imperio Malí o Mandinga había sido muy rico en otros tiempos. Tenía sus ciudades, sus agricultores, sus artesanos, herreros, curtidores, tintoreros y tejedores. Y minerales, muchos minerales: oro, plata, estaño. Tan grande era el imperio, que se tardaban ocho lunas en recorrerlo a caballo.

— Tenía muchas esperanzas en él — dijo el viejo nostálgico, mirando al horizonte, como viendo algo que se ha ido y que no volverá.

— Y va a cumplir — sentenció la madre con absoluta seguridad —, lo veo luchando y salvando a su pueblo.

— ¿Al imperio Malí?... ¿y ese sueño?

— No, no era el imperio Malí — pensó sin decirlo —, estoy segura de eso, era otro lugar.... Tal vez su lucha sea en otra parte — continuó diciendo, como si hablara para sí misma.

— ¿En otra parte? — preguntó el viejo intrigado.

— Tal vez sea un sitio muy lejano — dijo ella —, al otro lado del mar...

— ¿Crees que hay algo al otro lado del mar?

— Por supuesto... el cielo es infinito.

Tras la caída del gran imperio Malí, los Masáis, una de las tantas tribus en las que se dividió el reino, invadieron la costa occidental de África, avanzaron paralelo a la línea de la costa de la Liberia, luchando con cada grupo tribal que encontraron.

Tuvieron éxito todas las veces, hasta que llegaron a Biohó, una región de Guinea-Bessau, donde se encontraron con los bigajos, gente guerrera como ellos, con armas, organizaciones militares y tácticas similares a las suyas.

La región de Biohó parecía haber escapado milagrosamente a la caza de esclavos, del poderoso rey Mannameneth, un tirano esclavista, sediento de oro, poder y licor.

Los Masáis se habían convertido en bandoleros que aprovechaban el fragor de las guerras tribales para cazar esclavos en otras tribus para venderlos a los europeos.

~ ~ ~

— ¡Quemen todo!... nos llevamos a los hombres jóvenes, a las mujeres y a los niños — gritaba Manneth desde su caballo, con la furia de un bárbaro.

— ¡Acaben con todo lo que encuentren a su paso!

— ¡Maten a los ancianos, que no nos sirven para nada!

— No, no, por favor... no los maten... no saben lo que hacen — les suplicó la vieja Akasi, madre de Benkos —, traerá desgracias, ellos son la paz.

— ¿La paz?... yo soy un guerrero, no un cobarde.

— La única razón de ser de la guerra, es buscar la paz — le gritó Akasi, tratando de convencerlo.

— ¡Mátenlo! — gritó Manneth con indolencia.

Y la premonición de su madre se hizo realidad... los Masáis arrasaron el pueblo, capturaron hombres, mujeres y niños. Incendiaron las casas, mataron a su padre, se llevaron a su madre Akasi y a su amada Mawa.

Enterado de la tragedia, Benkos, pareció enloquecer, se untó el cuerpo de rojo ocre, carbón y arcilla blanca, lanzó un terrible grito de guerra y salió a la búsqueda de los Masáis, con sus 23 compañeros de almadía, que en su mayoría vivían tragedias parecidas.

— Le he fallado a mi padre, a mi familia, a mis ancestros — dijo con rabia y llanto, mientras recorría las ruinas de la devastada aldea.

— Los encontraremos — le dijo Ossai, dándole ánimo.

— Y los mataremos seguramente... pero eso no me devolverá a mi padre... y tienen a mi madre y a Mawa.

Ossai lo abrazó fuerte, intentando darle fuerza, acompañarlo en su dolor, tratando de no dejarlo caer. Lo quería como a un hermano, se conocían desde las cinco lunas y juntos aprendieron todos los juegos y todas las cosas.

— ¿Qué hacemos? — le preguntó. Sabes que cuentas conmigo para lo que sea. Solo pídeme qué quieres y lo haré.

A Benkos le salió en sus palabras todo el rencor que llevaba dentro.

— ¡Ojo por ojo, diente por diente!… arrasaremos sus pueblos… ¡Vamos!

Los buscó por todos los poblados del litoral arrasando con cuanto pueblo de origen Masáis encontraba en el camino, les prendía fuego a la paja de los bohíos hasta que sus gentes se rendían y le daban la información que necesitaba para acercarse a Manneth.

— ¡Ahí están! — gritó Ossai, apenas los vio a lo lejos —, ¡son ellos!

— ¡Al ataque! — gruñó Benkos.

— Ja, ja, ja… Aquí está el rey borracho… — exclamó Ossai, al encontrar al rey Mannameneth escondido detrás de una enorme piedra. — ¡Nos las van a pagar todas!

Hasta que por fin los localizó, venció y atrapó al rey Mannameneth, pero lo soltó para enviarle un mensaje a Manneth, quien no se encontraba en ese lugar, desafiándolo a luchar a muerte.

— Sabes que debería matarte… Tu hijo mató a mi padre — le dijo al rey, que estaba borracho y arrodillado a sus pies, sin ninguna dignidad.

— Piedad, piedad — pedía el rey Mannameneth, al borde del llanto.

— No te humilles más… No te voy a matar, te voy a dar la oportunidad que tu hijo no le dio a mi padre… solo dile que lo desafío a un combate a muerte con las armas que él elija y en el sitio que quiera.

— No, Benkos, no hagas eso… merecen un castigo — le reclamó Ossai, un poco decepcionado.

— Y lo tendrán — respondió Benkos convencido.

— ¿Un combate?… ¿Has pensado en que te puede vencer? — lo inquirió Ossai con verdadero enfado.

— Si hago lo mismo que él, soy igual a él. Quiero vencerlo y mirarlo a los ojos.

Enterado Manneth del desafío y conocedor de sus dotes como guerrero, decidió tenderle una trampa para evitar riesgos.

— Ja, ja, ja, ¡qué idiota!… Lo voy a matar — chilló Manneth. — ¡Claro que acepto!

— Debes tener cuidado… ese hombre está herido en el alma, es peligroso — le aconsejó su padre.

— No, es un ímbécil, debió matarte. Los errores se pagan caros — dijo Manneth, burlón — le tenderemos una trampa. No soy un luchador, ni pretendo demostrar que soy mejor que nadie y mucho menos el más bueno y generoso. Siempre trato de ganar y hago cualquier cosa para lograrlo. Le ofreceré negociar a su madre y a su novia a cambio de que cese la persecución, de que hagamos un pacto de paz.

— ¿Crees que va a aceptar? — preguntó el padre.

— Ni lo sé, ni me importa, seguramente sí, porque la palabra paz le debe encantar a este tonto, je,je,je, y entonces caerá en la celada — respondió Manneth con un brillo perverso en sus ojos de hiena.

Le envió un mensaje citándolo, al poco tiempo, en las mismas islas Bigajo, pero en un sitio de tierra firme, selva adentro, para alejarlo del mar, medio en el que Benkos y sus hombres eran muy hábiles; en un bosque tupido, propicio para una emboscada. Se podía oler la trampa, pero Benkos aceptó sin condiciones, porque lo guiaban tres malos consejeros: la rabia, el dolor y la culpa. A Ossai, ni le gustó el lugar ni la hora, tenía malas sensaciones con esa cita.

— Esto me parece un engaño... no debiste entregarle al padre... creo que no debemos ir — le advirtió Ossai — tengo un mal presentimiento...

— Iremos... quiero tenerlo frente a mí. No irá a quedar como un cobarde — respondió Benkos ansioso.

— Seguramente lo hará, pero buscando ventajas... no sé, no sé, esto de la noche no me gusta, creo que cometemos un error.

Un furiosísimo huracán azotaba las islas Bigajo, islas salvajes de siniestra fama, a poca distancia de las costas de Guinea. Un violento aguacero no permitía ver a más de un metro de distancia, más de 200 hombres se camuflaron en la lluvia y la noche.

Benkos alcanzó a sentir el peligro y se detuvo detrás de un enorme árbol, permaneciendo inmóvil; sin duda los Masáis habían llegado antes de la hora señalada y lo tenían ubicado de antemano para emboscarlo.

Aprovechaban el ruido del agua al caer sobre las hojas de los enormes árboles para acercarse con sigilo... no los podía ver, pero los sentía acercarse, quieto y dispuesto para la lucha...

No ubicaba a sus compañeros y sentía la presencia de muchos hombres pero no lograba distinguir nada. El corazón se le quería salir del pecho; tal vez se había equivocado al venir, pero ya no era hora de retroceder... ¡la suerte estaba echada!

— La tormenta no deja ver ni oír... pero siento miradas — le susurró a Ossai que avanzaba con sigilo a su lado.

— Ya están aquí... retrocedamos — le volvió a recomendar Ossai.

— De ninguna manera — insistió Benkos, con terquedad.

— Nos están emboscando, esto es una locura — advirtió Ossai.

— Quédate quieto que los siento cerca.

Percibió un ruido a su espalda y se volteó intentando dar un salto.

— ¡A ellos!... ¡los tenemos!... ¡no los suelten!... ¡que ninguno escape!... ¡lo quiero vivo! — gritaba Manneth eufórico.

Algo duro golpeó su frente y la oscuridad aumentó. Lanzó un golpe que cayó sobre algo blando y sintió muchas manos que lo atrapaban, muchos golpes que lo aturdían, la oscuridad era total y se escuchaban voces a lo lejos.

— Umm... mi cabeza... ¿Qué pasó?... ¿Ossai?... ¿todo fue una trampa?... ¿Dónde estoy? — se preguntaba Benkos, aún atontado e intentando moverse, pero las cuerdas que lo ataban, se lo impedían.

Un terrible dolor en la cabeza lo regresó a la terrible realidad; sintió el sabor de la sangre en la boca, miró en derredor y se ubicó en la nueva situación.

Ya había mermado un poco la lluvia... veía Masáis por todos lados, pero también blancos, europeos...

¿Y esa lengua?... ¿blancos?... ¿qué pasa aquí?... ¿y mi madre? — se interrogaba Benkos, pensando.

Había sido cazado como a un animal. Se sintió imbécil... dos lágrimas rodaron por su rostro.

—¡Manneth!, ¡maldito cobarde... eso no lo puedes hacer!... no me has vencido en combate — gritó con verdadera furia.

— ¿No?... ¿Y quién me lo va a impedir?

— ¡Maldito!... ¿dónde tienes a mi madre?... suelta a mis hombres...

— No me hagas reír, ya tus hombres están bien lejos. Y tu madre se fue a visitar al viejo a la otra vida.

— ¡Maldito, cobarde… esto me lo pagas aunque sea en otra vida! — gritó el joven Benkos, tratando inútilmente de soltar sus ataduras.

— ¡Llévenselos de inmediato hacia el puerto!… y cuidado con una fuga.

En el puerto los esperaban el Lançado y el Pombeiro, barcos negreros cuyos propietarios, comerciantes de origen europeo asentados en África, servían de intermediarios en la consecución de esclavos y mercancías para la exportación.

Benkos creyó comprender lo que iba a ocurrir, entraría a la trata de esclavos como prisionero de guerra y lo someterían a venta como forma de castigo, seguramente en otro lugar de África… de allí saldría algún día a buscar a Manneth y lo mataría sin contemplaciones.

— ¿A dónde nos llevarán?… ¿por qué hay blancos aquí?… jamás perderé mi libertad… lo juro por mis padres y por mis antepasados… prefiero morir antes que no ser libre… escaparé.

Comenzó entonces para Benkos, una marcha larga, agotadora y cruel, hacia un océano y unas tierras lejanas, cuya existencia ignoraba. Hacia un nuevo y extraño mundo que desconocía, al otro lado del mar, del cual nunca volvería.

VI

La plaza donde se había realizado la subasta de esclavos quedó conmocionada con la venta de un cautivo a ese precio tan alto. Nadie podía creer que se pagara tanto por un esclavo por muy buena estampa que tuviera y no comprendían los motivos que tuvo don Juan Palacios para hacerlo. Sin duda ofreció un precio que nadie pudiera disputarle.

— Es un buen ejemplar — comentó en voz alta un comerciante.

— Pero eso es mucho dinero — opinó otro —, ningún negro vale tanto.

— ¿Quinientos pesos por un esclavo? Eso no lo entiende nadie — dijo Gloria Isabel, con sorna y envidia. — Don Juan debe haber enloquecido.

— ¿Y qué, mi ama? no se haga... ese macho los vale... si usted los hubiera tenido, lo hubiera comprado — le reclamó Mamakay, quien en privado le hablaba a Gloría Isabel, como a una amiga.

— Sí, pero ¿por qué don Juan lo compraría, si sabía muy bien que yo lo quería?

— Para qué va a ser, para que esa mujer no se lo llevara... quiere halagarla ama... usted sabe muy bien de sus intenciones...

— Ay, Mamakay, de eso aquí no se habla.

— Pero mire, ahí viene...

— Hola, ¿Qué dice la mujer más bella de la villa?

— Gracias por sus halagos... pero se ha llevado usted algo que yo quería...

— Mi querida, Gloria Isabel... lo siento, solo quise salvarlo para usted... pero sabe que puede contar con él... me lo llevo a las plantaciones, pero está a su disposición... para ver si me visita...

— Gracias, don Juan, créame que lo tendré en cuenta.

— Y no olvide que cualquier día puede ser suyo...

— ¿Qué quiere usted decir?

— No se preocupe, veo que su padre aún no ha hablado con usted... por allá la espero.

Don Juan Palacio hizo un gesto de cortesía y se marchó dejando a Gloría Isabel con la palabra en la boca y muy preocupada por lo que imaginaba que había ocurrido. Seguramente ya don Juan había hablado con su padre de sus pretensiones que eran evidentes y éste se había comprometido a hablar con ella y convencerla, porque le convenía, ya que ella sabía que su padre tenía una enorme deuda con él.

Don Juan era un buen partido para su padre, pero no para ella, que pensaba que el matrimonio debía ser otra cosa. Enamorarse, sentir y decirse palabras bonitas, desearse, acompañarse, construir sueños juntos con alguien más cercano a su edad.

Sin entender por qué, pensó en Benkos, ¿Quién sería antes de venir aquí? ¿Será verdad que los negros no tienen alma? ¿Entonces, qué fue el brillo mágico que ella alcanzó a ver ese día en el fondo de sus ojos claros? ¿Quizás amaba a alguien?... pero... ¿qué estaba pensando?, ¿Acaso un esclavo podía sentir como un hombre?... ellos no se casaban como los blancos, se amancebaban... ¿Era hombre o bestia? Pero ¿y Mamakay que era su amiga, acaso no sentía como una persona, como una mujer?

¿Por qué pensaba tanto en un esclavo al que solo había visto dos veces y nunca habían cruzado palabra? ¿Qué tenía de diferente? Recordó su fuerza y su rebeldía en el muelle y decidió que iría a la hacienda de don Juan para conocerlo mejor.

VII

En las plantaciones, las condiciones de trabajo inhumanas y los malos tratos que recibían, terminaban por agotar el vigor de los esclavos.

Benkos no aceptaba el sometimiento y mucho menos la humillación, solo los soportaba tratando de mantener su dignidad intacta, mientras lograba consolidar un plan. Los primeros días se rebeló una y otra vez y sufrió muchos castigos. Ahora cumplía sus tareas, pero lo hacía a su modo y en su tiempo, lo que enfurecía a los capataces y molestaba a su amo, porque sabían que aún no lo tenían sometido y que los castigos poco lo intimidaban. Sabían que les hablaba a los otros esclavos de escapar, porque él mismo se los gritaba y se los hacía saber de todas las maneras posibles, sin el menor temor.

— Esto no lo tenemos por qué seguir aguantando — le dijo a un esclavo que acababa de ser golpeado por el capataz.

— ¿Qué podemos hacer? — le preguntó el esclavo, llamado Pedro, con resignación.

— Escapar — le respondió Benkos, con firmeza.

— Pero... ¿hacia dónde cogemos? — preguntó otro esclavo muy joven llamado Manuel —, ni siquiera sabemos dónde estamos.

— A un lugar... llamado libertad — contestó Benkos y gritó en su lengua, sin importarle que lo escucharan: — ¡Libertad!, ¡Libertad!

A lo que todos respondieron con el mismo grito: ¡Libertad!, ¡Libertad!

El escándalo alarmó a los españoles, quienes llegaron corriendo a la barraca para ver que ocurría:

—¿Qué ocurre allí? — preguntó Ramón el capataz, preocupado.

— Parece que ese puñetero negro sigue sonsacando a los demás — respondió el encargado de la barraca.

— Debemos usar mano fuerte con él — agregó Ramón, golpeándolo con el látigo. — ¡Esto es para que aprendas, negro!

— El látigo solo toca mi piel, sin quejarse por el latigazo — respondió —, ¡jamás seré esclavo! — agregó, mirando fijamente al capataz, quien terminó bajando la mirada y marchándose resignado.

— ¡Maldito negro! — masculló mientras salía a buscar a Don Juan para plantearle la situación que se les estaba saliendo de las manos.

Lo encontró en la puerta de la hacienda de salida.

— ¡Señor! necesito hablarle — le gritó Ramón, tratando de retenerlo.

— ¿Qué ocurre? dígame rápido, que voy de salida, tengo una cita importante con el gobernador.

— Es sobre ese esclavo, señor... es un verdadero problema.

— ¿Cuál?

— Domingo... el que se hace llamar Benkos... hace las cosas como le da la gana y lo peor es que trata de convencer a los demás de que también se rebelen.

— Creo que debemos aislarlo... envíalo a la zona más alejada... ya lo iremos domando... me costó quinientos pesos — dijo don Juan, aunque casi de inmediato se arrepintió y agregó con malicia: — No, no, mejor déjelo quieto, no le haga nada que tengo una mejor idea.

VIII

S alió directamente para la casa del gobernador como lo había acordado con éste y preguntó por Gloria Isabel, quien en ese momento se encontraba en la sala tejiendo para no aburrirse.

— ¿Mi ama? — preguntó Mamakay con asombro y preocupación.

— ¿Quién es, Mamakay? — dijo la voz de Gloria Inés desde adentro.

— Don Juan Palacios, ama.

— Dile que mi padre está en la gobernación.

— Dice que es con usted con quien necesita hablar.

— Hazlo pasar…

Ella se acomodó, se arregló el vestido y se preparó para lo que venía. Ya su padre le había informado de las pretensiones de don Juan y de cuál era la situación, que era tal y como ella sospechaba; sin embargo, aparentemente, dejaba la decisión en sus manos.

— ¿Cómo está la mujer más bella del nuevo mundo? — dijo don Juan entrando con largas zancadas y una enorme sonrisa en la boca.

— Gracias, usted siempre tan cortés, don Juan — le contestó ella con fingida amabilidad.

— Me imagino que sabe a qué vengo — preguntó sin rodeos.

— Lo supongo, mi padre habló conmigo — contestó ella con tranquilidad.

— Y aunque tengo su consentimiento, que es lo que se requiere en estos casos, ambos acordamos que respetaríamos su decisión y que nos daríamos un tiempo prudente para tratarnos y conocernos mejor — explicó don Juan con galantería.

— Pero, usted sabe que no lo amo, que hasta ahora solo lo he visto como un amigo de mi padre... y yo creo en el amor — exclamó enfática.

— Y yo también, mi querida Gloria Inés, por eso estoy dispuesto a conquistarla antes de contraer matrimonio... ¿Le parece? — la miró como buscando una respuesta en sus negros ojos. — Ah, me olvidaba — dijo de repente, como quien saca un as debajo de la manga —, me encantaría que visitara la hacienda con más frecuencia. He dispuesto a Domingo para que se dedique a usted cada vez que vaya y la acompañé a conocer la finca.

— ¿Domingo? — preguntó ella intrigada.

— ¡Benkos! — respondió él. Domingo es el nombre cristiano que le hemos puesto.

Gloria Isabel no había perdido el interés en Benkos, pero no encontró la manera de acercarse a él hasta este día en que don Juan le hacía el ofrecimiento; por eso lo aceptó de inmediato.

— ¿Puedo ir mañana? — preguntó ella, emocionada ante tal posibilidad.

— No voy a estar, porque debo viajar a otro hato, pero puede ir cuando quiera. Dispondré todo para que la reciban como se lo merece la futura ama de la hacienda — se atrevió a afirmar para ver la reacción de la joven, pero Gloria Inés no se inmutó con el necio comentario.

— No sabe cuánto le agradezco, don Juan — le contestó con forzada sonrisa.— ¡Ah! y no olvide lo del esclavo, me interesa mucho.

— No se preocupe, sabe que lo compré para usted — dijo, galante.

Se puso de pie convencido de haber logrado lo que quería. El esclavo sería su arma de conquista. Mamakay, quien había escuchado toda la conversación, lo acompañó hasta la puerta y regresó corriendo para increpar a su ama, a quien sentía metiéndose en terrenos muy peligrosos.

— ¡Vamos mañana a la hacienda de don Juan, Mamakay.

— ¿Está segura de lo que hace, mi ama? — le contestó la negra con una pregunta.

— Lo quiero conocer, quiero conocer a Benkos, me intriga — respondió Gloria Inés, justificándose.

— Pero puede pagar un precio muy alto por una simple curiosidad. No juegue con candela, mi ama, porque la candela quema — le advirtió su esclava y amiga con preocupación.

IX

Al día siguiente, desde temprano llegaron las dos mujeres a la hacienda de don Juan, que estaba ubicada a orillas de una ciénaga y un caño cerca a la boca del río Magdalena; constaba de unas ocho caballerizas, tenía varias casas pequeñas y una principal y se dedicaba a actividades agropecuarias en general.

Benkos la reconoció de inmediato, nunca había olvidado su mirada del día en que llegó a la ciudad pero, sobre todo, la recordaba como a una de las personas que había intentado comprarlo en la subasta en la que lo adquirió don Juan Palacios. Había recibido la orden de acompañar a la visitante y a su esclava a recorrer la hacienda. Le habían dicho que era la prometida del amo y que ella había solicitado su compañía.

— ¿Cómo te llamas? — le preguntó Gloria Inés, tuteándolo, pero él no contestó.

— ¿No entiendes Castellano?… ¿No hablas mi lengua?… Mamakay te entiende, ella es de tu tierra — Benkos miró a Mamakay, pero no dijo nada.

— ¿Me dijeron que te llamabas Domingo, Domingo Biojó? — le dijo provocándolo, porque sabía que a la mayoría de los esclavos no les gustaba que les cambiaran el nombre.

— ¡Ese no es mi nombre! — contestó, reaccionando molesto, como ella esperaba.

— ¿Ah, ya habla español? Aprende usted rápido… ¿se llama Benkos, verdad? — dijo Gloria Inés, aprovechando esa puerta que le abría. — Mamakay me dice que ese día en el muelle, gritaba que era un guerrero.

— ¿Para qué me quería comprar?... ¿qué hace usted acá? — preguntó Benkos de repente, con enorme desconfianza.

— No me lo va a creer, pero estoy acá por usted... Quiero ser su amiga — le dijo con sinceridad.

— No sé qué busca, pero usted sabe que eso no puede ser.

— Usted me intriga... es diferente a los demás. ¿Es verdad que era usted un príncipe?

— Soy un guerrero...

— Me gustaría saber más de usted... de su tierra... nos podríamos ver algunas tardes y hablar...

— No me busque problemas... ¿Qué quiere usted de mí?

— Aún lo quiero comprar...

— No se lo aconsejo... nadie me puede vender... no soy de nadie, esto poco va a durar, se lo aseguro. Haría un mal negocio.

— No lo dudo... ¿Qué piensa hacer?... Lo puedo ayudar...

— No sé aún y si lo supiera no se lo diría... usted es la prometida del amo y el amo es mi enemigo porque se ha apropiado de mi libertad.

— ¡No soy prometida de nadie! — respondió con violencia — él me pretende, que es diferente — lo dijo con una sinceridad y un dolor tan profundos, que conmovieron el rebelde y generoso corazón de Benkos quien desde ese día se convirtió en su amigo.

Gloria Inés le contó detalladamente su situación con don Juan y su padre, le explicó que así era en su mundo, que las bodas se pactaban por conveniencia, pero que ella no estaba de acuerdo, que creía en el amor y que le gustaría entregarse a un hombre solo cuando lo amara de verdad. Benkos, la escuchaba y se acordaba de su relación con Mawa y del disgusto que tuvo con su padre por su desobediencia a la imposición de casarse con Adjo por intereses de casta y no por amor, y la animaba a dilatar la respuesta que don Juan le estaba exigiendo con afán. Le explicaba su idea de libertad y le describía su mundo.

Desde ese día, ella procuraba ir a la hacienda con la mayor frecuencia posible, solo para verlo y hablar con él, para enseñarle la geografía del lugar, para explicarle cómo era el territorio que ahora habitaba, para indicarle en qué lugar del mundo estaba; además lo ayudaba a construir un plan de escape que pareciera posible, aunque muchas veces le tocaba quedarse en la casa principal charlando y después haciendo la caminata con don Juan y dejar que éste le tomara de la mano, para simular ante los demás y de esa manera evitar que les quitaran ese espacio de sueño que se habían inventado. Ambos sabían que habían emprendido un camino hacia ninguna parte, que cuando Benkos escapara todo se acabaría para siempre, porque una vez tomada esa decisión, ya no habría regreso y cada uno quedaría en el lado del mundo que le había tocado, en el que la vida los había puesto, pero lo querían disfrutar hasta última hora, hasta el último momento.

X

Ninguno de los dos entendía qué les ocurría cuando estaban el uno frente al otro o no lo querían entender por saber que pertenecían a mundos diferentes y opuestos.

Pero desde ese día Gloria Isabel solo pensó en encontrar la forma de facilitarle a Benkos la fuga, hasta que por fin la encontró. Se había dado cuenta que era un hombre libre, porque las cadenas de la esclavitud solamente atan las manos y es la mente lo que hace al hombre libre o esclavo y Benkos, en su mente, no se sentía esclavo.

Decidió hablar con don Juan y jugársela toda por Benkos, aunque no pudiera verlo más en la vida.

— ¿Dice usted que quiere al esclavo? — le preguntó don Juan a Gloria Isabel.

— Así es — le contestó Gloria Isabel, con aparente ingenuidad.

— Su costo es elevado… pero además… no lo tengo en venta… claro, que si lo quiere… tiene una forma fácil de conseguirlo — dijo Don Juan, con cierto cinismo.

— ¿Cuál? — inquirió la muchacha con picardía.

— ¡Cásese conmigo! — le respondió el rico hacendado, sin titubear.

— Ponga usted la fecha — le contestó, Gloria Isabel sorprendiéndolo con la respuesta.

Y de inmediato le propuso a don Juan realizar una fiesta.

— ¿Una fiesta? — preguntó don Juan, extrañado.

— Sí... para anunciar nuestro compromiso — dijo ella.

— ¿Nuestro compromiso?... o sea que, que de verdad...? — preguntó con emoción.

— Sí, y creo que sería bueno anunciarlo con bombos y platillos — respondió Gloria Isabel, con picardía.

— Por supuesto, encárguese usted de organizarlo todo, tiene a todo el personal a su disposición — dijo con gran emoción—, disponga lo que crea necesario.

Gloria Isabel organizó la fiesta y logró distraer a don Juan, a los capataces y a los guardianes. Con la ayuda de Mamakay, quien le indicó el camino para salir de la ciudad, Benkos, logró fugarse con algunos compañeros de cautiverio que también estaban cansados de los malos tratos y habían encontrado en él y en sus ideas de libertad, la esperanza que ya habían perdido.

— ¿Ya salieron? — le preguntó Gloria Isabel a su esclava y amiga.

— Están en las afuera de la hacienda, mi ama — respondió Mamakay.

— Ay Mamakay... no sé qué es lo me ocurre cuando estoy frente a él...

— ¿No será que le gusta, mi ama?...

— ¡Cómo se te ocurre!, Mamakay... ¡negra tenías que ser!... no ves que es un esclavo...

— Los esclavos no existimos, mi ama, eso se lo inventaron ustedes... somos seres humanos esclavizados, que es diferente. Benkos es un hombre, ama. Un hombre y muy atractivo.

— ¡Cállate, negra!, ahora soy una mujer comprometida!... ¡Acompáñame hasta allá!

— Eso es peligroso, ama. La pueden ver...

Contra lo que le dictaba el sentido común, tomó un caballo y llegó hasta el sitio que Mamakay le indicaba. Iba a todo galope, porque sabía que pronto la iban a estar buscando. Lo vio a lo lejos y el corazón empezó a latirle con fuerza. Se bajó del caballo y lo abrazó sin ningún pudor.

— Salga por acá, siga a Mamakay hasta la salida de la ciudad… camine hacia el sur occidente y no mire hacia atrás… yo lo buscaré.

— ¿Por qué hace esto? — le preguntó Benkos, temblando de la emoción.

— Porque lo amo, Benkos, lo amo. Usted me ha hecho comprender que solo hay dos razas y no se distinguen por el color de piel: los que están libres y los que no lo están.

Benkos la tomó impulsivamente por la cintura, la atrajo con fuerza y la besó en la boca. Sintió que la deseaba con todo su ímpetu. Y aquel deseo le hablaba de la igualdad de las almas ante el amor; de la caprichosa razón de los prejuicios raciales; de la mentira de la animalidad del esclavo; de la libertad de elegir y de amar; del derecho, en fin, de disponer cada uno de sí mismo y de trazarse su destino propio.

Al poco tiempo del arribo del gobernador, quien había llegado para anunciar el compromiso y sin saberlo había servido para distraer a don Juan, le avisaron al hacendado que se habían fugado varios esclavos liderados por Benkos.

— ¿Por qué estaba ese negro tan lejos de la casa? — preguntó, iracundo.

— Porque doña Isabel lo ordenó — respondió el capataz —, le dijimos que usted lo quería cerca, pero ella insistió y como usted dijo que hiciéramos lo que ella ordenara…

Solo entonces sospechó del engaño de Gloria Isabel y estalló en cólera.

— ¡Necesito que me traigan a ese negro cuanto antes! — les ordenó a sus hombres. — ¡Ni se les ocurra llegar sin él! ¿Dónde está doña Gloria Isabel?

— ¡Cálmese, don Juan — le dijo el gobernador, comprendiendo la embarazosa situación en la que lo había puesto su hija.

— ¿Qué ocurre? — preguntó Gloria Isabel, entrando en ese momento.

— Que se fugó un esclavo — contestó el gobernador.

— ¡Benkos, se fugó, Benkos...! — gritó don Juan, furibundo.

— Pero... ¿por qué no lo deja que se vaya?... un negro más o un negro menos, qué más da. Este es indomable, me cuentan. ¿Acaso va a permitir que esto nos dañe la celebración? — le reclamó Gloria Isabel, fingiendo ingenuidad.

— Eso le pregunto a usted... ¿no sabe nada de esta fuga? ¿O cree que no me he dado cuenta de la treta?... Creo que nos ha engañado a todos para facilitar la fuga del negro ese... no soy tonto. Apenas lo atrapen lo voy a vender.

— ¿Qué está diciendo, usted? Me ofende con sus palabras, don Juan ¿Me acusa usted delante de mi padre, el gobernador, de ayudar a que un esclavo se fugue?... Me imagino que comprende la gravedad de sus acusaciones. ¿Y así pretende que me case con usted?

— Todo la señala...usted lo quería, lo protege... — contestó un poco confundido don Juan.

— ¡Padre, ¿vas a permitir que este señor, por ser rico, me ultraje de esta manera?

— Le exijo una explicación, don Juan, se trata de mi hija única — pidió el gobernador tratando de mostrar dignidad.

— ¡Cálmense!, ¡cálmense!… no pretendo ultrajar a nadie, lo que ocurre es que como usted ha mostrado demasiado interés por ese esclavo, podría uno pensar que…

— ¿Se lo voy a robar, ayudándolo a huir? — preguntó hábilmente Gloria Isabel, buscando con la mirada, el apoyo de su padre —, no comprendo su lógica.

— No he dicho eso — respondió confundido don Juan —, solo que tal vez, le ha facilitado escapar…

— ¡Además, si lo vende se olvida de mí!… Me prometió que si me casaba con usted, me regalaría al esclavo. ¿Cómo se le ocurre que lo voy a ayudar a escapar, si lo quiero para mí? ¿No le parece absurdo? — fingía indignación. — ¡Cumplo mi palabra y si lo atrapa, espero que usted cumpla con la suya. O si lo prefiere, deshacemos de inmediato este compromiso.

— No, no creo que sea para tanto, hija. Eso sería darle demasiada importancia a un esclavo… ¿no creen ustedes? — preguntó el gobernador con ánimo conciliatorio —, vamos a atraparlo y a continuar con lo vuestro.

— Tiene razón, señor gobernador… disculpe usted Gloria Isabel, me dejé llevar por la furia. El negro, por estar cerca a usted en estos días, aprovechó la confusión de nuestra celebración para huir… disculpe, por favor.

XI

El mismo día de los acontecimientos y apenas sin esperar a que se fueran los invitados, don juan Palacio se presentó ante las autoridades competentes a denunciar el hecho.

— ¡Vengo a denunciar el alzamiento de una partida de negros en mi hacienda!, son liderados por ese negro alto que vino de Guinea… me está agitando a la gente y eso no lo puedo permitir — dijo, aún furioso.

—¿Me lo puede describir? — preguntó el capitán Del Campo preocupado.

— No tiene comparación, es el más alto, el más fuerte de todos cuantos pueda imaginar — explicó don Juan —, si lo quiere atrapar, debe enviar a sus mejores hombres y en buena cantidad…

— Ah, ese debe ser el tal Benkos o Domingo Biohó… ya había oído algo de eso… dicen que es una verdadera fiera…

— ¡Domingo Biohó!, es su nombre, así lo bautizamos aquí… costó 500 pesos… pero lo que compré fue un verdadero problema.

— No se preocupe, lo atraparemos y le daremos un buen escarmiento — le prometió el capitán.

— Eso espero, capitán, eso espero — manifestó el hacendado y salió del lugar.

Los hombres del capitán estuvieron en la hacienda indagando hasta enterarse por boca de otros esclavos que habían notado los extraños movimientos de los fugados, cuál había sido la ruta de salida.

— No cabe duda, don Juan, esos negros fueron ayudados por alguien al interior de la hacienda — le dijo el capitán.

— Me gustaría saber quién, pero ahora lo importante es que los atrape — contestó don Juan, molesto al entender la insinuación del capitán.

— Tenemos serios indicios de que la hija del gobernador...

— ¡Calle!, calle, ahora no es conveniente hacer ese tipo de acusaciones. Es la hija del gobernador y mi prometida, ¡solo atrape al negro, cuanto antes!

— No se preocupe, por el camino que cogieron no llegarán muy lejos.

Más de 30 hombres bien armados salieron tras la pista dejada por Benkos y los otros siete fugitivos, quienes habían huido hacia el sur oriente de la ciudad, de acuerdo a las indicaciones dadas por Mamakay para alcanzar un atajo que solo algunos esclavos conocían y que los llevaría a una zona montañosa de difícil acceso para los españoles; pero se habían desorientado y habían perdido el rumbo, internándose a ciegas por una zona de mangles enormes, en una ciénaga pantanosa, llamada De la Virgen, intentando atravesarla a nado o caminando por el fango, sin conocer el camino, hundiéndose hasta la cintura, avanzando con demasiada lentitud, mientras que sus perseguidores, conocedores del terreno, avanzaban en rápidas canoas con la certeza de poder atraparlos.

Pronto fueron encontrados por los hombres del capitán Del campo que, gracias a sus armas, no encontraron ninguna resistencia de los esclavos fugados.

La huida duró poco por la rápida reacción de las autoridades que le temían a don Juan y por la torpeza de unos hombres desarmados que desconocían totalmente el territorio. Benkos fue apresado y a petición del mismo don Juan Palacio, quien prefería no tenerlo en la hacienda por el momento, fue condenado, sin juicio alguno, a remar encadenado a las galeras durante dos largos años, para que le sirviera de escarmiento a él y a cualquier otro que pretendiera imitarlo.

Las galeras era uno de los sistemas defensivos con que contaba Cartagena. Allí obligaban a mantener cuadrillas de remeros seleccionados entre los esclavos negros que tenían problemas de indisciplina. Las galeras eran también una pena que se imponía a ciertos delincuentes, porque se trataba de un trabajo demasiado duro y agotador.

Gloria Inés, de acuerdo a lo pactado y pensando en otra salida para Benkos, se casó con don Juan de Palacio, pero éste no le cumplió la palabra de entregarle la propiedad de Benkos.

— Ya eres mi mujer — le dijo don Juan después de la boda. — Me gustaría hacerte la mujer más feliz de la tierra

— Espero que cumpla su palabra — le dijo un poco coqueta.

— ¿A qué te refieres? — preguntó don Juan con ironía.

— A lo de Benkos... sabe que quiero tener a ese esclavo... tal vez sea un capricho — respondió ella, seductora.

— Todo a su debido tiempo — dijo él con sensualidad.

— Pero usted me dijo que apenas nos casáramos me daría al esclavo... me dio su palabra — replicó ella con falsa picardía, como jugando.

— Pero, ahora tú me debes obediencia — dijo él con cierto sarcasmo, pero saliéndose del juego.

— Usted me lo prometió — replicó ella, ahora muy seria y a punto de estallar.

— Pero si el esclavo es mío, es como si fuera tuyo; además, lo atraparon en fuga y todavía le espera un largo periodo en las galeras. Ten paciencia, ya veremos con el tiempo que ocurre — le objetó él, dándole la espalda con desagrado y terminando unilateralmente la conversación.

XII

En las galeras, Benkos se enteró del matrimonio de Gloria Inés con don Juan Palacio y sintió un vacío enorme en su alma que le hizo brotar lágrimas durante toda una noche, pero al amanecer había tomado la decisión de olvidarse de ella para siempre, porque sabía que era un sueño imposible y más bien pensó en dedicarse a planear la forma de volverse a fugar y no dejarse atrapar, aunque le costara la muerte.

— Es mejor haber luchado y perdido que no haber luchado nunca — pensó.

— Ya habrá otra oportunidad de huir — se dijo en voz alta, como para darse ánimo. — A ella la llevaré siempre en el alma, pero su amor ya no puede ser. Mi libertad solo es posible junto a la libertad de los demás — sentenció.

La vida en las galeras era muy dura, remando hasta doce horas diarias y recibiendo todo tipo de maltratos de los guardias que se aprovechaban de la superioridad de sus armas y látigos frente a unos hombres encadenados y sin esperanzas.

Pero él resistía, sacando fuerzas de su deseo de huir. Se embebía analizando posibilidades y preguntando datos sobre el tipo de territorio hacia cada uno de los puntos cardinales, averiguando por posibles caminos, por tipos de fauna y flora, por caños, ríos, lagos, lagunas, charcos y gentes. Quería saberlo todo porque no podía fallar, pero tenía que averiguar con cuidado porque no debía despertar sospechas; por eso se comportaba aparentemente tranquilo, obediente, sumiso.

Pero el mayor incentivo lo recibió el día en que descubrió que entre los galeotes o esclavos remeros, se encontraba alguien muy conocido y querido.

— ¡Ossai!... ¡qué alegría, hermano! — gritó Benkos, corriendo a abrazar a su amigo de toda la vida.

— ¡Benkos!, ¡Benkos!, no lo puedo creer... ¿otra vez remando, mi comandante bigajo? — exclamó Ossai, recibiendo el fraterno y potente abrazo, de Benkos.

— Por muy larga que sea la tormenta, el sol siempre vuelve a brillar entre las nubes. Ahora estoy seguro de que voy a lograrla — exclamó Benkos feliz, sosteniendo al amigo en el abrazo.

— ¿Qué vas a lograr? — pregunto Ossai, sin entender.

—¡La libertad! — respondió Benkos con entusiasmo. La amistad duplica las alegrías y divide las angustias. Tenemos que hacer un plan.

— Lo que usted ordene, mi capitán... ¡Conozco bien el territorio!, me ha tocado moverme por estas tierras desde que nos trajeron y ya lo intenté, por eso estoy aquí — le confesó Ossai.

— Yo también — apuntó Benkos con enorme sonrisa. — El hombre empieza a ser libre en el momento en que desea serlo — agregó.

— Y nadie nos va dar esa libertad, hermano mío, nadie; no hay esperanza de que alguien nos la dé, tenemos que tomarla por la fuerza.

Desde ese día el humor de Benkos cambió, se sentía menos solo, cantaba canciones de su tierra y sentía que la esperanza había revivido en él; la esperanza de escapar, que era la única que veía posible en esas circunstancias tan adversas.

— La esperanza hace que agite el náufrago sus brazos en medio de las aguas, aun cuando no vea tierra por ningún lado.

— Soñaremos esa tierra.

— O la inventaremos… la construiremos… ahora debemos actuar con mucho cuidado. No deben sospechar que nos conocemos de antes porque nos separan… Pero no podemos dejar de comunicarnos…

— Tenemos que inventar un código que no nos ponga en riesgo.

— Un mecanismo de comunicación rápida y secreta…

— Como cuando lo hacíamos allá en la aldea, ¿te acuerdas? — y su pensamiento se fue nuevamente de regreso a África, a Biohó… a su tierra.

~ ~ ~

Tenían solo doce lunas y ya su padre les había confiado la vigilancia de la entrada a la aldea. Se trataba realmente de una red de senderos que conectaban las siete aldeas que componían el poblado. Y llegaban suficientes visitantes para tenerlos ocupados a él y a sus compañeros que cumplían con esa excitante misión. Cuando aparecía un extraño los niños avisaban a los habitantes de las aldeas y salían a su paso, mientras éste se aproximaba al árbol de los visitantes. Caminaban valientemente a su lado para escuchar lo que hablaban, mientras sus sagaces ojos trataban de encontrar algo que revelara la verdadera misión del visitante. Si descubrían algo, corrían a la aldea para informar a los adultos.

~ ~ ~

— Nos comunicábamos por señas, ¿Lo recuerdas?

—¡Claro, no lo he olvidado jamás!

— Pues, las volveremos a usar ahora. Así nos comunicaremos las cosas importantes.

— ¡Eh, negro! ¿Qué es lo que tanto hablan? — les gritó el guardián que desde hacía un rato los miraba intrigado, con sospecha.

— Quedamos así.

— ¡A trabajar, negros flojos!, miren todo lo que falta.

Los dos obedecieron de inmediato, con la tranquilidad de creer que ese encuentro de hermanos, era una luz que les garantizaría emprender un camino hacia alguna parte.

XIII

Gloria Inés sabía que Benkos estaba pagando su castigo en las galeras, pero desde que se casó con don Juan no contaba con la misma libertad de antes y no quería que las sospechas sobre ella lo terminaran perjudicando a él. Sabía que su marido había quedado con muchas dudas después de la fuga anterior y ella no perdía las esperanzas de tener a Benkos de alguna manera, por eso prefirió no verlo y tampoco permitió que lo hiciera Mamakay, a quien todos consideraban como si fuera ella misma. En las galeras, don Juan de Palacio tenían muchos informantes, lo mejor en este momento sería la prudencia; más bien intentaría recordarle a su esposo la promesa hecha antes del matrimonio.

— ¿Qué piensa hacer con Benkos? — le preguntó un día cualquiera, mientras almorzaban.

— Ya te lo he dicho, voy a vender a ese maldito negro — le respondió don Juan, mirándola a los ojos.

— Eso no lo puede hacer — replicó Gloria Isabel, con ira evidente.

— ¿Ah, no, y por qué?… ¿Acaso no es mío? — dijo éste con actitud indiferente.

— Me lo prometió y no ha cumplido — reclamó airadamente Gloria Isabel.

— Te recuerdo que tú tampoco — dijo don Juan con odio en su mirada.

— Y ahora menos — gritó Gloria Isabel, poniéndose de pie y tirando la comida.

— Eso ya lo sé… a mí no me engañas… ¡olvídate de ese negro!

Gloria Isabel corrió, entró a su habitación y tiró la puerta de un fuerte golpe.

Don Juan de Palacio también se levantó de la mesa, furioso, salió hacia la calle totalmente descompuesto y caminó directamente hacia la casa de Juan Gómez, quien le había manifestado interés por comprar a Benkos.

Mamakay, quien había visto toda la escena desde un rincón del comedor sin intervenir, observó, desde la ventana, el rumbo que tomaba el marido de su ama y decidió salir tras él para confirmar lo que sospechaba.

Desde la calle lo pudo ver en la sala de la casa de don Juan Gómez y escuchar la conversación sin ninguna dificultad.

— No quiero saber más de ese negro — casi aulló.

— ¿Está seguro?... solo le puedo dar doscientos pesos — le dijo don Juan Gómez, tratando de aprovecharse de la situación.

— A mí me costó quinientos, don Juan, usted lo sabe...

— En este momento no le puedo dar más, lo siento. Además, ningún esclavo vale tanto.

— Éste es más fuerte que cualquiera, pero también más rebelde que ninguno.

— Esos negros lo que necesitan es mano dura... deje que pase un tiempito en las galeras y ya verá cómo se ablanda...

— Quiero vender al negro, lo compra usted o lo compra otro.

— Le doy doscientos cincuenta y es mi última oferta...

— ¡Trato hecho!... el negro es suyo.

— ¿Lo quiere en su hacienda de inmediato?

— No, no... dejémoslo un tiempo más remando en las galeras para que escarmiente, no le van a quedar más ganas de huir... ¿Cómo es que se llama?

— Domingo, Domingo Biohó...

— ¡Desde hoy, no más Benkos!... le enviaré el dinero a la hacienda y mañana legalizamos todo.

— Hecho, don Juan.

XIV

En las galeras se volvió a encontrar varias veces con Ossai, a quien ahora los españoles llamaban Lorenzo o Lorencillo, pero fingían que acababan de conocerse y se trataban con casi total indiferencia. El plan iba bien hasta que una mañana, mientras descansaban de una ardua jornada a pleno sol, conoció a una hermosa negra llamada Wiwa, que era la encargada de llevar la comida a los vigilantes y a los galeotes, quienes siempre jugaban y bromeaban con ella de una manera fuerte que ella resistía sin problemas. Era alta, negra, bien negra como le había dicho su padre y su cuerpo despedía un olor como a aceite de coco, a mar, a algas, a brisa marina... era algo indefinido que le recordaba sus orígenes y lo atraía y paralizaba. La hermosa mujer le causaba inquietudes, le hacía sentir cosas bonitas y le recordaba a Mawa, su novia desaparecida, allá en Biohó.

A ella tampoco le era indiferente ese negro tan grande, tan bello y tan fuerte, que nunca le decía nada, que no la piropeaba elogiando sus evidentes atributos físicos, aunque siempre le sonreía con evidente cariño.

Un día, cuando le llevaba la comida a uno de los oficiales, resbaló y la bandeja con la comida rodó por el piso.

— ¡Negra bruta! — le gritó el guardia, acercándose colérico, con la intención de golpearla, pero Benkos, a pesar de las cadenas, se levantó como un resorte y lo tomó fuertemente por las muñecas.

— A la negra no se le pega — dijo con energía.

— Ay, ay, ay — se quejó el guardián impotente ante tanta fuerza.

Aparecieron muchos hombres y lo dominaron con dificultad.

— ¡Te voy a matar, imbécil, te voy a matar!, ¡me partiste la mano, desgraciado! — gritaba el guardián adolorido.

— A la mujer no se le pega — repetía Benkos con fuego en sus ojos de miel.

El guardián sacó una pistola con la intención de dispararle a Benkos, cuando apareció el jefe de galeras, atraído por el escándalo de la disputa.

—¿Qué diablos ocurre aquí? — preguntó el jefe de galeras, con autoridad.

— Este salvaje trató de matarme — lo acusó el guardián.

El Jefe de galeras, sin averiguar realmente lo ocurrido, ordenó de inmediato que castigaran a Benkos

— ¡Que le den 50 latigazos para que sepa lo que es sabroso!

Además de los latigazos, estuvo varios días castigado y aislado, padeciendo callado el resentimiento y la venganza cobarde del guardia. Pero ya tenía una decisión tomada, no seguiría soportando la situación, se comunicaría con Ossai, para iniciar un plan, usando señas, como las que empleaban cuando niños en la aldea, para tratar de convencer al mayor número de esclavos posible, de la necesidad urgente de escapar, persuadirlos de que no existía otra salida para ellos diferente a la huida y la resistencia.

Benkos, como cualquier bijago de Guinea-Bissau, tenía la creencia de que, muerto, su espíritu regresaría a su isla nativa. Por lo tanto, tenía una sola alternativa: fugarse y vivir libremente o morir y lograr que su espíritu retornara con los suyos al archipiélago africano. Lo otro era la humillación, la indignidad de aceptar la esclavitud y eso no cabía en su pensamiento, era algo que ni siquiera se debía considerar.

Cuando regresó al trabajo normal, Wiwa se le acercó agradecida y avergonzada por el castigo que había recibido por defenderla.

— No debió hacerlo... los amos tienen derecho... — intentó decirle, pero él la paró en seco.

— ¡Nadie tiene ese derecho!, solo nosotros somos dueños de nuestras propias vidas... nos vamos de aquí cuanto antes — le dijo, casi dándole una orden.

— Nos pueden matar — le respondió Wiwa asustada.

— Es preferible la muerte a esta falta de libertad — le replicó Benkos, categórico. — Si nos llega la muerte luchando por nuestra libertad, nuestro espíritu volverá a nuestra tierra a disfrutar el paraíso de los dioses.

XV

Sentía que Wiwa, con su inocencia y su cariño se estaba adueñando de su corazón, creándole un conflicto enorme por lo que sentía hacia Gloria Isabel. Pero en ese momento, como en todos los momentos cruciales de su vida, recordó los consejos de su padre.

— Cuanto más negra es una mujer, más bella es.

— Pero ¿por qué? — preguntó él.

— Algún día — le contestó su padre — lo entenderás.

Wiwa era alta, negra, bien negra como le había dicho su padre, con las nalgas altas y paradas y su hermoso cuerpo emanaba todos los embrujos de las mujeres de su tierra... era algo indefinido, ancestral, que le recordaba sus orígenes y lo atraía y paralizaba.

En esas estaba pensando, mientras descansaba en las barracas de las galeras, sitio de reposo de los esclavos, cuando lo sobresaltó una sorpresiva voz conocida.

— ¿En qué piensa? — le dijo.

— ¿Qué hace usted aquí?... puede ser peligroso. Usted está casada... su marido puede... — dijo, asustado por la sorpresiva situación.

— Necesito hablarle... estoy dispuesta a todo.

— No... esto no es posible... usted pertenece a un mundo que no es el mío.

— Solo dígame lo que siente por mí, solo dígamelo, dígame que le gusto... solo dígame eso... necesito saberlo.

— ¿Para qué?... ahora debo luchar por mi libertad y la de los míos... es mi deber... usted pertenece a otro mundo, a otro hombre...

— Lo hice por usted, me casé por usted...

— ¿Qué dice?

— Que me casé por usted.

— La quiero, señora y estoy muy agradecido con usted, pero esto no es posible... mi vida está en otra parte, nunca seríamos felices el uno con el otro, ahora comprendo las palabras de mi padre — dijo, mientras pensaba en Wiwa, quien en ese momento se asomaba al lugar y al ver la escena se devolvió con prudencia, pero sin pasar desapercibida para Gloria Isabel.

— ¿Hay otra mujer, verdad? — preguntó de inmediato, aconsejada por su sexto sentido y creyendo comprender las razones de Benkos.

— No, no como usted lo puede pensar... he comprendido que, en estas circunstancias, solo me debo acercar a alguien de mi raza... acá soy un esclavo, para su gente, menos que un animal... no es bueno para ninguno de los dos. Lo que viene puede ser terrible... nos vamos a enfrentar, me voy a enfrentar a muerte con su padre y su marido — explicó Benkos, tratando de justificar su conducta.

— Entiendo, entiendo todo lo que dice... pero no me importa. Ya le dije que estoy dispuesta a todo... no estoy de acuerdo con lo que piensan y hacen los míos... ¡es infame!... lo comprendí gracias a usted y a Mamakay...

— Váyase, por favor... váyase... y entiéndame. Mi compromiso va mucho más allá de mi propia vida. No puede enfrentarse a usted misma, no debe enfrentar a los suyos por una causa ajena... ¡Váyase, con la seguridad de que va a estar en mi corazón por siempre!

Gloria Inés estalló en llanto sin ningún pudor y corrió entre los esclavos hasta donde la esperaba Mamakay, quien vigilaba que no se acercara ningún guardián, que pudiera ir con el chisme donde el marido de su ama.

Benkos, desde su lugar, contempló la escena con un profundo dolor en el corazón, pero con la certeza de estar haciendo lo correcto y lo justo.

XVI

A los pocos días de esta conversación, decidió volver a huir, pero ahora con Wiwa, Ossai y unos 60 esclavos de la galera y las haciendas con los que venía hablando y estaban dispuestos a seguirlo hasta las últimas consecuencias, convencidos de que era mejor morir en el intento, que vivir sin libertad y sin dignidad.

— Saldremos de noche, en grupos de diez; Ossai irá en el primer grupo, con los que más conocen el terreno. Yo estaré en el último grupo con los más experimentados en la guerra. Las mujeres irán en el medio — ordenó Benkos hablando en susurro.

— ¿Qué haremos con los guardias? — preguntó Ossai.

— ¡No quiero ningún muerto! Los amarraremos y les taparemos la boca, para que nos dé tiempo de avanzar hasta el amanecer... en cada grupo deben ir los unos muy cerca de los otros, sin perderse de vista, dejando marcas para el grupo siguiente; el último grupo es el encargado de borrar las huellas o de crear huellas de despiste — explicó Benkos tratando de ser muy claro.

— Acuérdense de caminar siempre al sudeste, hasta la primera loma que encuentren en el camino... allí los esperaremos a todos, nos juntaremos y decidiremos el siguiente paso — recomendó Ossai, quien, hasta allí, tenía claro para donde iban.

— Y recuerden, nadie se debe entregar, si nos capturan, es preferible morir con dignidad que regresar a esta vida sin esperanza.

Fueron saliendo apenas oscureció y cuando los guardias quisieron darse cuenta de la disminución del número de esclavos, los hombres de Benkos, ya les habían caído encima y se habían apoderado de sus armas, amarrándolos muy fuerte, tapándoles la boca con un bozal de trapo que habían fabricado y encerrándolos en un cuarto de máquina del que casi no salía el ruido.

Por ser domingo, los jefes solo notaron lo que ocurría hacia las nueve de la mañana, cuando ya habían trascurrido más de doce horas desde el momento de la huida.

— ¡Han escapado los esclavos! — gritó uno, con enorme angustia.

— ¡No queda ninguno! — dijo otro mirando en derredor.

— ¿Y los guardias?

— Parece que se los llevaron...

— Tenemos que buscarlos, deben tener alguna explicación.

— Iremos a avisar al capitán.

— Y al gobernador.

— Y a los dueños de los esclavos.

— Pero rápido, que la ventaja de ellos es el tiempo que pasa...

Mientras tanto, Benkos y los demás fugitivos habían logrado encontrarse, sin mayores contratiempos, en el sitio indicado por Ossai. El problema era que hasta allí, éste conocía el terreno; de aquí en adelante, les tocaba guiarse por la intuición y por el buen olfato.

— ¡Vamos sin miedo, pero con cuidado! — gritó Benkos tratando de animarlos.

— Hacia el sur — indicó Ossai oteando el horizonte.

—¿Por la ciénaga? — preguntó Wiwa.

— Por los manglares — habló Benkos —, tienen perros y caballos. Dentro de poco los tendremos pisándonos los talones...

En Cartagena, los guardias, después de ubicar a sus compañeros amarrados, le avisaron al capitán Del Campo y éste le informó a don Juan Gómez, dueño de Benkos y de otros cinco desertores.

— ¡Don Juan, han escapado algunos esclavos y están armados hasta los dientes, los lidera Domingo Biohó!, ese esclavo que usted le compró a don Juan Palacio — informó el alguacil García, el mismo que hacía algún tiempo, con enorme sorpresa, le había notificado al gobernador de la llegada de un negro muy fuerte, diferente a los demás, que se había enfrentado a varios hombres en el puerto.

— Hay que avisar al gobernador y a los demás hacendados... voy por armas, yo mismo los acompañaré... esto no se puede tolerar — respondió don Juan Gómez con evidente molestia. — ¿Los tiene ubicados capitán?

— Van al sudeste... ¡Siguen el camino Real!... si nos apuramos, a caballo pronto los alcanzaremos — respondió el capitán.

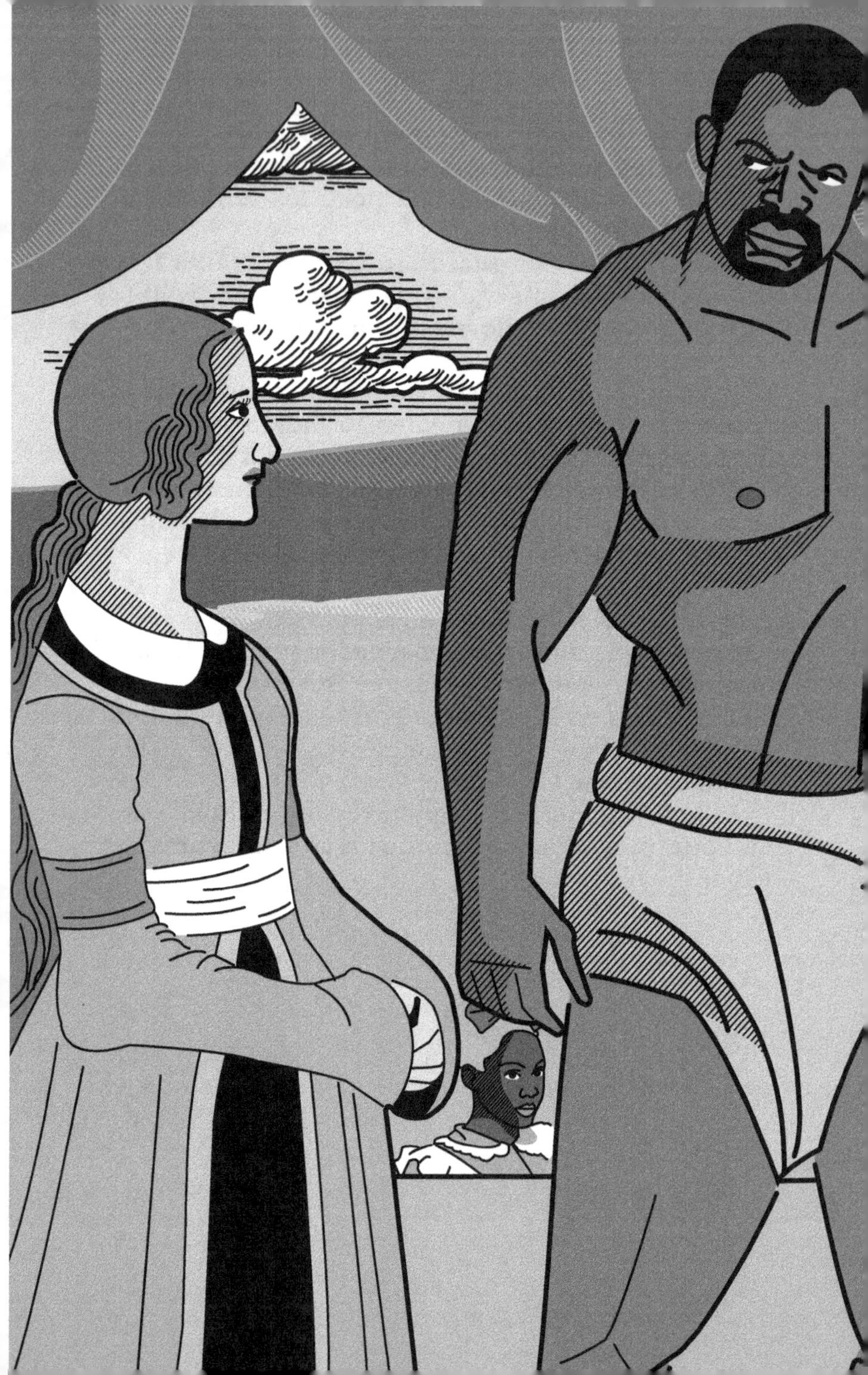

XVII

B enkos y su gente avanzaban, aún completos, en la dirección escogida, sabiendo que sus perseguidores se acercaban.

— Parece que se acercan — dijo Ossai pegando su oído al suelo—, se escuchan cascos de caballos a lo lejos.

— Tenemos que despistarlos — agregó Benkos con serenidad —, los perros se guían por los olores... debemos engañarlos de alguna manera o estamos perdidos.

Cruzaron extensos e insalubres pantanos, cubiertos de espesos manglares y rastrojos, huyeron a la mayor velocidad posible, perseguidos por las tropas de militares y civiles, de a caballo, acompañados de jaurías de perros. Se escondieron en sitios ocultos, cenagosos, lejos del camino principal y luego avanzaron hasta la ciénaga de Matuna, una laguna de unas 40 leguas, cerca al pueblo indígena de Turbana.

— ¡Están cerca! — gruñó don Juan Gómez.

— ¡Suéltenles los perros! — gritó el Capitán.

— Pero... ¿Qué les ocurre a esos animales? — preguntó don Juan al ver a los perros correr de un lado para otro, totalmente perdidos.

— Los malditos negros, usan olores con un almizcle que los despista... mire, se vuelven como locos — dijo García, quien conocía el truco.

— No podemos permitir que escapen — exclamó autoritario don Juan Gómez.

— Creo que nos han engañado... parece que se alejan — vaticinó el alguacil García, como conocedor del terreno.

Mientras tanto los fugitivos seguían avanzando por caminos tramposos que se inventaban, haciendo uso de la intuición y de la experiencia guerrera de Benkos y Ossai, andando a tientas, adivinando las mejores trochas, despistando, escondiéndose, sin dejarse sentir.

— Estoy seguro que es por acá — dijo Ossai.

— Debemos avanzar lejos del camino — ordenó Benkos.

— Nos persiguen... los perros nos huelen — avisó Wiwa, nerviosa.

— Pero hasta acá no se atreven a entrar, este olor los ahuyenta — advirtió Ossai con seguridad.

— ¡Miren!, vamos hacia ese descampado, allí los esperaremos — exclamó Benkos con emoción, al encontrar un sitio bueno para resguardarse y emboscar al enemigo.

— Vienen hacia acá, totalmente desprotegidos — dijo Ossai.

— Parece que han perdido el rastro, están despistados, no saben dónde estamos, déjenlos entrar, déjenlos entrar para emboscarlos... ¡Que avancen!... ¡miren allá!... ¡ahí vienen!... ¡ahora!... ¡disparen todos, disparen! — gritaba Benkos, transformado en una fiera, dando órdenes con una rapidez y una certeza extraordinarias.

Los soldados de avanzada, los que iban a la vanguardia, se volvieron como locos al sentir unos disparos que les salían de todas partes, sin poder descifrar de dónde. Corrían de un lado para otro, tratando de evitar ser alcanzados, mientras que en la retaguardia, los otros no entendían lo que ocurría adelante, porque estaban despistados y creían que los negros iban mucho más lejos.

— ¡Oigo disparos! — gritó García asustado. — ¿Para dónde cogieron?

— Si no sabe usted, García... — respondió el capitán desconcertado y molesto.

— ¡Capitán, capitán!... han matado a don Juan Gómez — gritó un soldado con desesperación — ¡lo han matado!

— ¡Salgan de allí o nos acaban a todos, nos tienen emboscados! — berreó el alguacil García.

— ¡Malditos negros!... que lo mejor es devolvernos... ¡saquen el cuerpo de don Juan!... ¡ya regresaremos por ellos más tarde!

XVIII

Los españoles regresaron a la ciudad derrotados, asustados, con el cadáver de don Juan Gómez a cuestas y con la sensación de que los hombres de Benkos estaban mejor armados de lo que realmente estaban, gracias a la forma estratégica en que éste había ubicado a los tiradores en la emboscada. Realmente, con las únicas armas de fuego que contaban, eran con las que les quitaron a los guardianes al momento de la fuga, pero al disparar habían parecido muchas más.

Aprovechando la tranquilidad de no sentirse perseguidos, los cimarrones, como llamaban los españoles a los esclavos fugados, al mando de Benkos, avanzaron buscando las mejores tierras para sobrevivir y hacerse fuertes en una eventual batalla, hasta que, finalmente, después de buscar y buscar, se establecieron alrededor de la ciénaga de Matuna y levantaron un palenque, construido a manera de fuerte para la defensa, con una gran estacada, fosos, púas envenenadas alrededor y trampas en los caminos, por si acaso sus perseguidores volvían por ellos, como lo hacía su gente en Biohó para defenderse de las tribus enemigas.

Mientras que las autoridades españolas estaban achicadas por la derrota inesperada y la incertidumbre de no saber realmente con qué contaban los cimarrones, otros esclavos en las haciendas y las minas, también desesperados por los maltratos de sus amos y guardianes, empezaron a pensar en la posibilidad, de buscar a Benkos, de huir hacia el palenque, del que ya se comenzaba a rumorar, en voz baja, entre los negros esclavizados.

El palenque de Matuna se organizó con un gran esfuerzo comunal y se convirtió en modelo para otros cimarrones que también huían al suroriente de Cartagena y eran bien recibidos por Benkos, consciente de cuánto se fortalecían con la llegada de toda esa gente al palenque. Construyeron casas, fabricaron armas y herramientas, sembraron y cultivaron maíz y yuca.

Los amos y las autoridades inconformes y preocupados organizaron expediciones para capturarlos, pero ellos al mando de Benkos, cada día eran más fuertes y resistían las embestidas de los soldados españoles.

— No podemos bajar los brazos, nunca van a dejar de atacarnos, porque los hemos herido en el centro de su estructura política, pero sobre todo, porque hemos vencido el miedo, que es la única base real de su autoridad — predicaba Benkos, animando a los suyos.

— Estaremos siempre preparados y atentos — respondió Ossai convencido.

— Piensen en lo que nos espera si nos dejamos arrebatar lo logrado. ¡Para atrás, ni para coger impulso! — arengaba Benkos.

Cada día huían más esclavos motivados por el ejemplo de Benkos y su gente y éstos buscaban el palenque de Matuna como refugio, donde se les ofrecía una vida de lucha y trabajos, pero con libertad y dignidad.

Las autoridades españolas, ante la exigencia de los hacendados, continuaban intentando capturar a Benkos y a su gente, pero lo único que conseguían eran derrotas humillantes.

Los cimarrones se metían a las haciendas, liberaban más esclavos y robaban provisiones y armas, para alimentar y fortalecer a una población que cada día era más numerosa.

Las autoridades españolas le temían y trataban de hacerlo ver como un simple bandolero, los hacendados esclavistas lo odiaban, la gente común y corriente lo empezaba a respetar y los esclavos lo admiraban y lo veían como su única esperanza.

— Tenemos que hacer algo, señor gobernador... esto es falta de autoridad, — reclamó airadamente don Juan de Palacios a su suegro, el gobernador.

— ¡Respete, don Juan!... y entienda que los negros han sabido organizarse y refugiarse en una zona de difícil acceso... he pedido refuerzos a España.

— Porque se los hemos permitido, esos soldados son unos cobardes que se orinan del miedo cuando ven a una de esas bestias.

— Hombres, don Juan, hombres — le corrigió Gloria Isabel, quien escuchaba la conversación.

— ¿Llamas hombres a esos animales? — preguntó don Juan con saña.

— Hombres, aunque le duela, don Juan, que han demostrado ser mucho más inteligentes y valientes que todos los soldados que los han atacado.

— Les pido que se calmen — intervino el gobernador.

— Tenemos que buscar otra estrategia y muchos más hombres — dijo el capitán, tratando de mostrar calma.

— No se desgasten buscando lo que no van a encontrar — dijo Gloria Inés, en tono de burla. — Benkos es mejor que todos ustedes juntos.

— ¡No me compares con ese negro! — gritó don Juan fuera de sí. — Tú pa… pa… pareces, tú pareces… ¡enamorada de ese esclavo! — gritó, tartamudeando.

— ¡Don Juan! — exclamó el gobernador, ofendido.

— La verdad es que con él me sentiría más segura que con usted — vociferó Gloria Isabel. — Y le recuerdo, que usted, solo en documentos es mi marido.

— Hija, retírate, por favor, estas cosas no se ventilan ante extraños — pidió el gobernador.

— Yo también me voy — dijo el capitán.

— ¡No señor, usted se queda!, necesitamos un plan para atrapar a ese negro — ordenó el gobernador.

— ¡Un plan contundente contra ese bandolero! — dijo don Juan de Palacio, mientras, Gloria Inés abandonaba el recinto tirando la puerta con fuerza y escándalo.

— Bandolero es el que asalta o roba sin una causa justa y sin una fe. ¡Benkos es un héroe! — dijo, antes de salir.

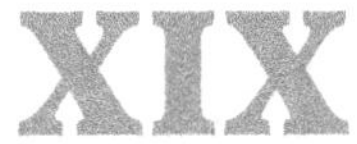

XIX

Mientras tanto Benkos, entendiendo que los indígenas eran los verdaderos dueños del territorio por ser sus primeros habitantes, decidió negociar con las tribus nativas y ganárselos políticamente para su causa, para preservarse y cuidarse juntos, generando nuevos mercados y nuevas familias, comprendiendo que el enemigo en común, eran los españoles.

— Todos somos invasores, los Yurbaco, son los únicos dueños de estas tierras — dijo Benkos, reflexivo.

— Los españoles se las apropiaron y nos trajeron a nosotros para trabajarlas — agregó Ossai.

— Tenemos que organizarnos para defendernos mejor — le comentó Benkos a Ossai — y para eso debemos contar con ellos.

— Es necesaria la ayuda mutua para vivir como merecemos y alcanzar la libertad — dedujo Ossai.

— No somos animales como nos quieren hacer ver… todos somos iguales, somos humanos, con derecho a ser libres — expresó Wiwa.

— ¿Qué hacemos con tanta gente? Cada día llegan más — preguntó Ossai preocupado.

— Nos tenemos que organizar, política, social y militarmente — respondió Benkos.

— Y conseguir alimento, los cultivos que tenemos hoy no son suficientes — agregó Wiwa.

— Dicen que los Yurbacos están intranquilos con nuestra presencia en su territorio — comentó Ossai.

— Y tienen razón... debemos negociar con ellos cuanto antes — reflexionó Benkos. — Envíales regalos y proponles que nos veamos en la zona del Mameyal, que es territorio neutral.

A los pocos días recibió respuesta positiva del Cacique y ambas partes organizaron el encuentro en una zona rodeada de árboles enormes y frondosos, colmados de frutas que él hasta ahora desconocía. Estaba asombrado ante tanta fertilidad.

— He recibido sus presentes y los agradezco... ¿Quiere hablar con los Yurbaco? Aquí estamos — dijo el cacique al recibirlo.

— Sabemos que estamos en tierras que fueron de ustedes, que en justicia les pertenecen — dijo Benkos, tratando de mostrarse solidario.

— Fueron arrebatadas por el invasor. Miramos con admiración lo que usted y su gente han hecho — agregó el Cacique Yurbaco.

— Tenemos un enemigo común... debemos protegernos mutuamente — dijo Benkos de inmediato.

Desde ese día la colaboración entre los negros cimarrones del palenque y los bravos Yurbacos, fue permanente, respetuosa y eficaz.

Con ese apoyo tan importante, Benkos pensó que había llegado la hora de estabilizarlo todo, de volverlo sostenible, tanto en lo personal como en lo comunitario y empezó a soñar con cosas mucho más ambiciosas en el tiempo.

Esa noche invitó a Wiwa a caminar por la orilla de la ciénaga, bajo la luz de una enorme luna. Le cantó canciones de su tierra, le recitó poemas ancestrales, le habló de los dioses, de su fe, de sus creencias, de su sueño de libertad, hasta que por fin, le dijo lo que le había ido a decir esa noche.

— Usted me gusta Wiwa, me gusta mucho — le dijo mirándola a los ojos.

— Usted también me gusta Benkos, pero... — iba a decir ella, pero él la interrumpió y dijo a quemarropa: — ¡Creo que nos debemos casar!

—¿Casarnos? — preguntó Wiwa, sorprendida — ¿Y la blanca? — agregó inquisitiva.

— Es a ti a quien amo... quiero que seas la madre de mis hijos — respondió Benkos con pasión en la voz y amor en los ojos y la besó en la boca, dejándola sin la posibilidad de decir nada más.

Al día siguiente, muy temprano, se reunió con toda su gente en una especie de asamblea general, presentó a Wiwa como su novia y planteó una propuesta de organización, de gobierno para el palenque.

— Creo que debe haber un teniente de guerra y un contador — propuso.

— Debemos tener el control total... ningún extraño debe entrar armado al palenque — agregó Ossai.

— Propongo a Lorencillo como teniente de guerra — expresó Benkos, sabiendo que era un cargo que ya éste venía ejerciendo de hecho.

A lo que todos respondieron con una aclamación:
— ¡Ossai!, ¡Ossai!

Y de repente, soltó sin tapujos la verdadera ilusión que llevaba en su alma, el sueño que venía rumiando desde sus noches de castigo en las galeras y que ahora veía posible, la utopía de una libertad duradera, perpetua, real.

— Debemos convertirnos en una nación libre que nos proteja y nos respete como humanos.

— ¿Una nación? ¿Con todos los esclavos africanos? — preguntó Ossai.

— Con todos los africanos, esclavizados o cimarrones y todo aquel que desee hacer parte de nuestra causa y crea que todos somos iguales en derechos y oportunidades, aunque seamos de diferentes colores y que entienda que no hay razas superiores — apuntó Benkos, con la mirada brillante y perdida, como la de los iluminados.

uando el palenque estaba totalmente organizado y creyó tener el control de la situación, Benkos organizó su matrimonio con Wiwa y fue proclamado rey de la Matuna por su pueblo, que solo lo reconocía a él como autoridad. Wiwa fue elegida como reina y las demás autoridades fueron seleccionadas por la comunidad por méritos y servicios prestados al palenque y a la libertad.

Todos estos acontecimientos que ocurrían en el palenque, eran conocidos casi de inmediato en Cartagena, a través del correo de la brujas. De esta manera Gloria Isabel se enteró de que Benkos también se había casado.

— Dicen que se casó Benkos, ama — le contó Mamakay a Gloria Isabel.

— Ya me enteré... ahora sí lo perdí, negra, lo perdí — contestó Gloria Isabel muy triste.

— Nunca lo ha tenido, ama. Ese macho no era para usted... Pertenecen a mundos enfrentados.

— Pero yo no tengo nada que ver con eso...

— Claro que tiene que ver, ama. Usted es la hija del gobernador, máximo representante en este territorio de un sistema de gobierno y de una forma de ver la vida que nos anula, humilla, maltrata y elimina a los negros. Que no nos reconoce como humanos.

— No es justo, no escogí a mi padre — refutó Gloria Inés, entre sollozos.

— Nadie lo escoge, pero hay cosas que el destino nos señala. Benkos representa todo lo contrario. Se ha convertido en la esperanza de liberarnos de todo lo que su padre y su marido representan — le explicó con firmeza, pero con cariño, Mamakay.

—¡No es mi marido! — aulló Gloria Inés.

— Sí lo es... ante la ley y ante la sociedad, lo es.

— Pero en mi corazón no — gritó Gloria, impotente ante las palabras de su esclava.

— ¿Y eso a quién le importa? ¿Quién lo sabe? — preguntó Mamakay con algo de dureza y dolor.

— Me sorprendes Mamakay... ¿Cómo es que sabes tanto?... ¡eres muy inteligente! — dijo con aire de sorpresa la hermosa joven, como si creyera que una negra no pudiera ser así de inteligente.

— ¿Sí ve ama?... usted dice que soy su hermana negra, pero le sorprende mi inteligencia, porque apenas ahora empieza a comprender que soy tan humana como usted...

— Perdona Mamakay, perdona, tienes razón, no quise...

— No se preocupe, ama, no es su culpa, para eso la educaron. Le enseñaron que los negros somos animales, que no tenemos alma, que no somos hijos de Dios.

— Sí, pero tú me enseñaste otra cosa, contigo comprendí y con Benkos lo confirmé.

— No se preocupe, mire que yo sé que debería irme y unirme al grupo de Benkos, a los cimarrones, porque ellos son la dignidad de mi raza, la voz de mis ancestros, pero ya no soy capaz, no sé vivir sin las comodidades que ustedes me enseñaron y sin el amor que siento por usted y los suyos. Soy consciente de lo que ocurre, pero estoy domesticada.

— Ay Dios mío, qué cosas dices Mamakay y lo peor es que todas son verdad. ¡Quisiera acompañar a Benkos en su lucha!

— Eso sería traicionar a los suyos… sería desleal con su gente.

— Pero yo no pienso así Mamakay, lo juro. El Dios en el que creo habla de algo muy diferente, de algo más cercano a lo que estás diciendo, a lo que pregona y mueve a Benkos.

— Pero no llore, mi ama, no llore que me parte el alma — le dijo abrazándola y acariciándole el cabello.

— Haga su duelo… que es necesario.

XXI

El reino de Matuna fue fortaleciéndose y Benkos cumpliendo el mandato de sus ancestros y la premonición de su madre, empezó a pensar no solo en su propia libertad, sino en la de todos los esclavos traídos de África.

— Debo pensar en todos los hermanos sacados de la tierra y regados por las riberas de este mar... siento la palabra de los ancestros que me lo pide, que me lo ordena — les dijo esa tarde a sus hombres, reunidos en un solar dentro del palenque que cada día era más grande y estaba mejor organizado.

— ¡Sí, debemos fundar una nación independiente! — agregó con toda la potencia de su voz Ossai, apoyándolo.

— ¡Viva Benkos!... ¡Viva el rey de la Matuna! — vociferaron todos para no dejar la menor duda — ¡Benkos!, ¡Benkos!, ¡Benkos!

El gobernador, desesperado por la presión permanente de los hacendados y esclavistas, por las informaciones y los rumores que llegaban de lo que estaba ocurriendo con Benkos, decidió enviar al alguacil García, para que los espiara y le trajera información permanente de lo que ocurría en el palenque.

Éste, guiado por el Tam, Tam de los tambores y refugiándose en la oscuridad, llegó hasta la empalizada y observó lo que ocurría esa noche, escondido entre los árboles. De repente se hizo un silencio absoluto y a la distancia pudo observar la silueta de Benkos que avanzaba lentamente, como si sus pies no tocaran el suelo. El cuerpo le empezó a temblar incontrolablemente.

La luz de la luna iluminó su cuerpo de coloso y comenzó a bailar, con felina agilidad, una especie de Mapalé al son de los tambores. De pronto, de la nada, apareció entre brumas, la figura de una anciana negra, con el cabello blanco. Todos quedaron paralizados.

— ¡Madre! — dijo Benkos con voz gutural.

— Benkos, hijo — le respondió la anciana con voz dulce —, estamos orgullosos de ti.

— ¿Y mi padre? — indagó Benkos con ansiedad.

La anciana se convirtió en el viejo Benkos a la vista de todos. El alguacil sintió que se quedaba sin fuerzas, que se desmayaba de terror ante algo que no entendía, algo que su mente no creía que pudiera ocurrir.

— Aquí estoy, hijo... en la eternidad. Ya tu madre y yo nos encontramos con nuestros ancestros.

— ¿Estás... muerto, padre?... ¿te... te mataron?

— Estoy en otra dimensión de la vida... siempre te lo dije, hay tres tipos de personas, las que ves ahí, comiendo, caminando, luchando. Las que ya nos encontramos con nuestros antepasados y estamos en la eternidad y los que están por nacer... como ese pueblo que vas a liberar.

— ¿Lo voy a hacer... lo voy a lograr?

— Es tu misión... lo debes intentar. No me ves, pero siempre estoy a tu lado, pendiente. Un último consejo: Aunque parezca manso, no te acerques mucho al león... te puede morder. No lo olvides, el león, siempre es león — y diciendo esto, desapareció de la misma manera como había llegado.

— ¡Padre!, ¡madre!... ¡madre! — gritó con la voz quebrada por la emoción y lágrimas en sus ojos.

— ¡El demonio!, el demonio… estas son cosas del demonio — exclamó el alguacil García retrocediendo de espaldas, tropezando con todo.

—¿Quién anda allí?… ¡Es el alguacil García espiando!… ¡cójanlo! — ordenó Ossai.

El alguacil García, quien había quedado paralizado ante la visión, al recuperarse por el grito de Ossai, salió corriendo despavorido, haciendo ruido sin temor.

¡No!, no lo cojan… déjenlo ir para que cuente lo que vio… se van a morir del miedo — ordenó Benkos, saliendo de su trance.

XXII

El alguacil García atravesó despavorido esos terrenos sembrados de trampas, hasta llegar al caballo que ocultaba entre matorrales y cabalgó sin parar, casi reventando al equino, hasta entrar a la ciudad. Al llegar a la gobernación, prácticamente se tiró del caballo sin el menor cuidado y corrió hasta el despacho del gobernador como un loco de atar.

—¡Señor gobernador!, ¡señor gobernador!... si usted hubiera visto lo que vi... es brujería, señor... es el mismo demonio — gritó sin saludar a su superior.

—¡Cálmese, García y explíquese... ¿por qué viene así de sucio y ensangrentado? — preguntó el gobernador alarmado por su aspecto.

— Al principio parecía un matrimonio de negros — intentó explicar.

— ¿Matrimonio? — pregunto Gloria Inés, quien se encontraba presente, con don Juan, su marido y otros personajes de la ciudad que conversaban con su padre sobre asuntos de seguridad en la ciudad.

— Continúe García que esas tonterías no nos interesan — se apresuró a decir con acidez, Juan Palacio.

— De verdad esos negros lo creen rey, señor... es su rey, el rey del diablo...

— ¿Rey?... ¡Rey solo hay uno García y está en la España! — dijo el gobernador fuera de sí.

— Es que usted no vio lo que yo vi — dijo García con los ojos brillantes y totalmente transformado.

— Cuente, cuente entonces lo que vio sin rodeos — le pidió don Nicolás de Zubiría, uno de los hombres más prestantes de la ciudad, con verdadero interés.

El dramático informe del alguacil alarmó a las autoridades y hacendados, quienes decidieron armar un gran ejército para tratar de acabar con Benkos y su palenque de cimarrones.

Los irritaba profundamente lo que consideraban un gran atrevimiento de Benkos. No podían creer que alguien se atreviera a tanto y no podían aceptar que existiera la idea de un rey diferente al de España. Lo consideraban casi un sacrilegio.

— Esto ya está pasando de castaño a oscuro... tenemos que acabar definitivamente con ese negro que se cree rey — afirmó el gobernador con rabia.

— Estoy dispuesto a poner todo el dinero y los hombres que sean necesarios para lograrlo — anotó don Juan de Palacio.

— Cuenten conmigo — apuntó don Nicolás, también preocupado e indignado por lo que había escuchado.

Gloria Inés preocupada por lo que pudiera ocurrir, intentó discutir con su padre y con don Juan, que estaban alterados, tratando de convencer a los presentes de conformar un gran ejército financiado por las personas pudientes de la ciudad.

—¿Y si realmente fuera rey? — preguntó por molestar a los presentes.

— Cómo se le ocurre, doña Gloria, un rey es alguien especial, alguien destinado por el creador — le explicó don Nicolás.

— Usted qué sabe, don Nicolás... tal vez existan otros reyes que no conocemos... o ninguno sea rey — replicó Gloria Inés con ironía, aprovechando que don Nicolás le había seguido la cuerda para discutir.

— ¡Gloria Isabel!... ¿te has vuelto loca?... el rey es soberano — le reclamó su padre ofendido.

— ¿Y eso por qué? — continuó la joven con mordacidad, si dar tregua. Sabía que el que a Benkos se le tratara como a un rey, los mortificaba de verdad.

— Porque Dios así lo dispuso — respondió don Nicolás, molesto.

— ¿Dios?... ¿Y a usted quien le dijo eso? ¿Acaso habló usted con Dios?

— ¿Nos dejas solos, por favor? — le pidió don Juan Palacio a su mujer. — ¡Esto no es asunto de mujeres!

— ¿Ah, no, entonces es cosa de hombres? — preguntó Gloria Isabel con sarcasmo, mirando en derredor, como quien busca algo. — ¿Hombres por machos o por valientes?, porque aquí, de los segundos, no veo a ninguno. Todos se mueren de miedo de solo oír nombrar a Benkos.

— Es que no es un hombre, es un salvaje sin escrúpulos — dijo don Juan justificándose.

—Ah, sí ¿y ustedes?, ¿sí los tienen? — contestó Gloria Isabel soltando una enorme carcajada.

Molesto con la situación, el gobernador le ordenó a Gloria Isabel que saliera de su despacho, pero ella se quedó pegada a la puerta, escuchando lo que planeaban hacer.

— Y la cosa es mucho más grave porque no solo quieren liberar a los esclavos... quieren fundar una nación... piensan llegar hasta Panamá — decía García dramático.

— Esto se está complicando, capitán... tenemos que conformar un ejército que los elimine para siempre — se escuchaba la voz del gobernador a través de la puerta.

— Pero eso requiere recursos, excelencia, y no los tenemos... los negros están bien armados — hablaba el capitán, tratando de sacarle partido a la situación.

— Además, son brujos... tienen al demonio de su lado — agregó el alguacil García— intentando retomar el cuento de lo que observó. Pero el gobernador lo que quería era ir al grano con lo de la financiación.

— Los hacendados y dueños de esclavos deben contribuir... ¿Qué piensa don Nicolás? — preguntó el gobernante.

— Estoy de acuerdo… me comprometo a convencerlos y a colaborar — prometió don Nicolás.

— Estoy dispuesto a poner todo el dinero y los hombres que sean necesarios — escuchó que dijo la voz de su marido, con saña.

— Vamos a conformar un grupo de 250 hombres bien armados, para arrasar con ese caserío — escuchó que dijo el capitán contento.

— ¿Para cuándo los podemos tener? — preguntó el gobernador.

— Pasado mañana debe llegar un barco cargado de armas y con algunos hombres con experiencia en cazar y matar negros; si usted me autoriza, sumando los que tenemos aquí y los que pongan los hacendados, creo que el viernes podemos salir.

— Los cogeremos confiados — dijo una voz que no identificó.

— Los arrasaremos.

Antes de que salieran del despacho, Gloria se apartó de allí preocupada, pensando que tenía que avisarle a Benkos cuanto antes.

— ¡Corre Mamakay!… tienes que contarle a Benkos… tantos hombres los pueden acabar… dile que van bajo el mando del capitán Luis Polo, que salen el viernes… ve a caballo, coge la yegua negra… dile que se cuide. ¿Sabes llegar, verdad?

— Sí mi ama, todos los esclavos sabemos llegar… ¡Salgo de inmediato! — dijo Mamakay compartiendo la preocupación.

— Ah… y dile que lo felicito — agregó Gloria Isabel.

— ¿Por qué, ama? — preguntó Mamakay, con ingenuidad.

— Por su matrimonio — contestó con dolor y corrió a su habitación bañada en llanto.

XXIII

Avisado Benkos de la pronta llegada de los enemigos, les pidió a sus hombres que se dispersaran en guerrillas, como su padre le había enseñado y como lo hacían con las tribus en las bahías del archipiélago donde se formó como guerrero. Táctica en la que, hostigando al enemigo con destacamentos irregulares y ataques rápidos y sorpresivos, trampas en los caminos o secuestros de armas y provisiones, se utilizaba en África con frecuencia en situaciones de guerras desiguales.

— Ellos tienen mejores armas, ésta va a ser una guerra desigual, pero la igualaremos con inteligencia, no podemos pelear de frente — les decía Benkos.

— Aquí no se trata de ser valientes, se trata de ser estratégicos y de ganar a como dé lugar — agregaba Ossai.

— No podemos perder y por eso usaremos las formas de lucha que más nos convengan — indicaba Benkos.

Los españoles arremetieron con arcabuces, espadas, arcos y lanzas, pero cuando llegaron, en el palenque solo estaban unos cuantos hombres viejos para engañar y atraerlos y cuando se acercaron confiados en su superioridad encontraron todo tipo de trampas: fosos, cuerdas escondidas, estacas. Y mientras se distraían con esto, les aparecían los hombres de Benkos de la vegetación y volvían a desaparecer, evitando ser alcanzados por sus armas.

— Son unos cobardes, no pelean de frente — se quejaba el capitán.

— Nos están haciendo daño sin pelear — dijo un soldado que estaba herido por una estaca.

— Debemos cambiar de estrategia, nos están mermando y desmoralizando a los hombres, tenemos muchos heridos y nos quitan las armas con facilidad — reflexionó el alguacil García.

— Y al tal Benkos solo se le ve cuando pasa corriendo — dijo el soldado herido.

— No son soldados, son bandoleros — sentenció el capitán.

— Ya les dije que los ayuda el demonio, yo lo vi — repitió por enésima vez el alguacil García, que no había podido sacar de su cabeza la visión de los espíritus de los padres de Benkos.

Ante la inteligente valerosa resistencia, los españoles abandonaron la invasión al palenque. Muchos quedaron atrapados en las trampas puestas por los cimarrones, fueron tomados como prisioneros y fueron expuestos un día cualquiera en la plaza de los negros para que sirvieran de escarmiento.

Los hombres de Benkos cada día eran más y sembraron un ambiente de miedo en la ciudad. La guerra siguió firme, se organizaron con una perspectiva de permanencia. Otras bandas de rebeldes continuaron en huida en los años siguientes, y formaron los núcleos que también acogieron la estrategia del enfrentamiento.

Mantener beligerancia durante un largo periodo frente al aparato del sistema colonial implicó una organización social y guerrera sólida.

— Ahora debemos contraatacar... necesitamos ganado... vamos a tomarlo y a quemar las estancias vecinas — ordenaba Benkos.

— Liberemos a los esclavos de las haciendas — propuso Ossai.

— Construyamos viviendas, necesitamos más viviendas — recomendó Wiwa.

— Sí, los esclavos continúan huyendo.

—Vamos a enfrentarlos… aunque no se escondan ni enfrenten al enemigo… solo si el combate es muy sangriento se deben replegar

Benkos obtuvo reconocimiento de la gente del común en la provincia de Cartagena, por su valor y sus dotes de gobernante y guerrero.

XXIV

Viendo que, después de tanto tiempo, no habían podido derrotar a los cimarrones comandados por Benkos y que éste, cada día se hacía más fuerte, dando la sensación de ser invencible y generando verdadera zozobra en la ciudad, el gobernador se dio por vencido y aconsejado por Gloria Inés, consultó con España y le ofreció a Benkos un tratado de no agresión, un tratado de paz, reconociendo la autonomía del Palenque de la Matuna.

— Pero está usted loco, señor gobernador... ¿un tratado de no agresión? ¿De paz?... No sea ingenuo, me parece ridículo y cobarde — le reclamó airadamente don Juan de Palacio.

— Efectivamente, don Juan, un tratado de paz. Lo he consultado con España y hasta el rey está de acuerdo, el negro se ha ganado su reconocimiento y no lo hemos podido vencer, perdemos mucho más en esta guerra con los negros, que reconociéndolos y pidiéndoles que, a cambio, ellos reconozcan al rey de España como su rey — le explicó el gobernador con calma y convicción.

— Está cometiendo un grave error.

— Eso dígaselo al rey don Juan.

Benkos aceptó la propuesta y firmó el tratado convirtiéndose así, legalmente, en un hombre libre, con su propia hacienda y su propia prole o como lo veía su gente, en el rey de un nuevo pueblo.

Pero el gobernador de Suazo y Casasola, padre de Gloria Isabel, se enfermó de gravedad y murió sin poder consolidar el tratado de paz, que no se hizo efectivo hasta 7 años después, siendo gobernador don Diego Fernández de Velasco.

A partir de este acontecimiento, Benkos empezó a visitar Cartagena sin esconderse y a hacer incursiones políticas en ciertos lugares de la ciudad, tratando de convencer a todos los esclavos de que debían luchar por su libertad.

— El palenque tiene las puertas abiertas — les decía.

— No tengan miedo, yo sé que la libertad asusta, cuando se ha perdido la costumbre de utilizarla — repetía —, y el único medio de tenerla y conservarla es estar siempre dispuestos a morir por ella.

Se presentaba en la ciudad, armado, con sus prendas de rey, con su propia guardia y se paseaba por la ciudad ante la vista de las autoridades.

—¿Ese no es el tal Benkos? — comentaba una mujer en la calle.

— Mírale la pinta, de verdad se cree rey — decía otra.

Trataba de igual a igual a los españoles e impuso sus leyes en las que los negros tenían que ser respetados. Los estancieros y vecinos lo trataban con respeto y admiración.

— Buenas, señor Benkos, ¿Qué desea? — lo saludaban.

— Buenas, don Ramón... ¿Cómo está la cosa por acá? ¿Cómo me trata a mi gente?

— Bien, bien... les puede preguntar, aquí a los esclavos se les trata bien.

La frágil paz concertada se extendió por 16 años más, pero continuaron las fugas de los esclavos a los palenques.

Las visitas de Benkos a la ciudad se empezaron a hacer cada vez más frecuentes, en ellas arengaba a los negros del mercado sobre la libertad y sus derechos, a veces hasta con la presencia misma de soldados y autoridades, quienes, sin duda le tenían temor, pero miraban con preocupación lo que estaba ocurriendo.

— Nadie debería ser esclavo... Donde existe la esclavitud, es negada la dignidad humana — arengaba. — Y nadie más que uno puede liberar su mente de la esclavitud — les decía.

En el despacho del nuevo gobernador, algunas figuras políticas y económicas de la época empezaron a tener como tema de discusión lo que llamaban las imprudencias de Benkos y los alcances que podían tener su creciente popularidad y el temor que se sentía en la población.

Es entonces cuando empezó a hablarse de organizar un plan para acabar con su vida. Benkos se enteró y decidió tomarles la delantera y le planteó a Ossai la posibilidad de tomarse la ciudad.

— Hablan de matarme. Tenemos que darles golpes que nos hagan respetar... pasar de la defensa al ataque — dijo Benkos.

— ¿Qué propones? — preguntó Ossai.

— Tomémonos la ciudad — respondió Benkos.

— ¿La ciudad?... ¿estás loco? — dijo Ossai sorprendido.

— Jugaremos con la sorpresa... debo hablar con Doña Gloria Inés... su apoyo sería importante... ¿Podrías intentar el contacto con Mamakay?

— ¿Estás seguro?... ella es la esposa de don Juan de Palacio, nuestro mayor enemigo — expresó Wiwa con preocupación y molestia.

— Y nuestra aliada, sé por qué te lo digo... es la única blanca en la que podemos confiar.

Ossai, sin mayor dificultad, hizo el contacto a través de Mamakay y concertó la cita. De esta manera, después de mucho tiempo, Benkos se volvió a encontrar con Gloria Inés, en una playa lejana, bajo estrictas medidas de seguridad por parte de la guardia cimarrona, comandada por Ossai.

Fue un encuentro difícil pero deseado por ambos. Se recorrieron con la mirada, se compararon con la imagen que guardaban en el recuerdo, se abrazaron con fuerza, con cariño, con respeto, hasta que por fin pudieron entrar en materia y hablar del motivo del encuentro.

— Me voy a tomar la ciudad — dijo de repente Benkos.

—¿Ah?... ¿Escuché bien?... ¿Está usted loco? — preguntó alarmada Gloria Isabel.

— Debo hacerlo... por ahí dicen que planean matarme...

— Eso lo han dicho siempre.

— Pero ahora parece que es en serio. Creo que debo dar un golpe contundente que los asuste de verdad.

— Me parece que se equivoca, que va a cometer un error... eso jamás se lo van a perdonar.

— Eso es lo que les quiero demostrar, que no hago lo que me permitan o no me permitan hacer. Hago lo que mi libertad y mi libre albedrío me indican. No estoy vivo porque ellos quieran, estoy vivo porque no me he dejado matar.

— Creo que se va a equivocar Benkos... siento como algo de prepotencia en sus palabra, no menosprecie al enemigo... ¿Por qué me lo cuenta?

— Porque creo que debo hacerlo y porque necesito su ayuda...

— ¿Qué necesita?

— Consejos por un lado... usted conoce bien las costumbres de la gente de la ciudad y nos puede decir, por donde y a qué hora es mejor entrar.

— La mejor hora es la madrugada... entren por la Media Luna... me encargaré de que alguien abra la puerta...

— Gracias... ese era el otro favor... necesitamos apoyo interno. Pero no está obligada a hacerlo, si se niega, lo comprendería.

— Usted sabe que siempre puede contar conmigo... sabe cuánto lo amo.

— Y yo a usted — le dijo Benkos y la volvió a abrazar con dulzura, antes de partir.

A pesar de las medidas de seguridad tomadas por la guardia de Benkos, nadie notó que el alguacil García, vestido de civil, había seguido a Gloria Isabel hasta esas playas deshabitadas, que estaban ubicadas al norte de la ciudad, donde el mar se une con la ciénaga, ocultándose entre los grandes manglares.

Pero tuvo que contentarse con observar la escena desde lejos porque le fue imposible acercarse más o se hubiera puesto al descubierto.

Desde allí lo había visto todo, aunque no había podido escuchar ni una palabra de la conversación y cogió el asunto por otro lado, haciendo una interpretación equivocada de los motivos de esa extraña cita.

— Ahora entiendo muchas cosas — pensó preocupado. — ¡Dios mío!, el negro tiene embrujada a doña Gloria, y la pobre niña, dominada por el diablo, mantiene una relación pecaminosa con él.

— Si don Juan de Palacio se llega a enterar de esta infidelidad, la mata y eso no me lo perdonaría don Jerónimo de Suazo desde su tumba. Esto no se puede saber — se dijo en voz alta, recordando el gran afecto que en vida, le tuvo el padre de Gloria Isabel y decidió callar lo que había visto.

XXV

Al llegar a la puerta de la Media Luna, la entrada de la ciudad, una mano les abrió el cerrojo de la enorme puerta. Los cimarrones entraron a pie y avanzaron sin hacer el menor ruido, reptando por la calle, protegidos por la oscuridad.

Benkos y Ossai encabezaban la fila y hablaban en secreto del plan.

— Primero tenemos que reducir a la tropa… tomarnos el cuartel para evitar derramamiento de sangre — dijo Benkos —, no quiero ni muertos ni heridos.

— Yo iré por los esclavos… y un grupo irá a las caballerizas… necesitamos los caballos para la retirada — agregó Ossai. — Solo los que voluntariamente se quieran ir con nosotros, no obliguen a nadie… vayan a las galeras y a las casas más pudientes, a la gente pobre no la toquen… la casa de Juan de Palacio es muy importante.

De esta manera, primero llegaron al cuartel general, redujeron a la guardia que era poca y sacaron de sus camas a los soldados que dormían a esa hora y los obligaron a salir a la calle en calzoncillos, los amarraron entre sí, les quemaron la ropa y les robaron las armas.

— ¡Vamos!… todos a la calle! — gritaba Benkos.

El mismo Ossai, cumpliendo el deseo de Benkos, llegó hasta la casa de don Juan de Palacio, liberó a los esclavos y le quitó la ropa a don Juan, dejándolo en la puerta de su casa, amarrado, también en calzoncillos, vociferando todo tipo de amenazas, mientras que a Gloria Inés y a Mamakay las dejó en pijama, amarradas la una a la otra, gritando y llorando, para disimular.

— Esta me las pagarán... no se pueden llevar a todos esos esclavos.... me costaron una fortuna — decía don Juan casi llorando de la rabia y la vergüenza.

— Los hombres ni se compran ni se venden — le contestó Benkos, llegando a caballo.

— Ese caballo es mío, ¡Maldito!... esta me la pagarás.

Finalmente, los cimarrones al mando de Benkos y Ossai, fueron a las caballerizas, tomaron todos los caballos para impedir que los persiguieran y fueron saliendo de la ciudad con su botín. Se llevaron a un buen número de esclavizados, armas, caballos y mucha mercancía. No hubo un solo herido en la toma que duró más de tres horas.

¡Vamos! — gritó Benkos con emoción y se alejaron en la distancia envueltos en una nube de polvo e iluminados por el brillante sol de la mañana, dejando a las autoridades de la ciudad humilladas.

El alguacil García, quien de acuerdo a su costumbre, se había escondido a observar los acontecimientos, tenía una encrucijada en el alma, porque ahora comprendía la verdadera razón de la reunión de Gloria Isabel con Benkos en la playa y sabía que ella había sido el cómplice interno que éste necesitaba para realizar semejante acción.

Llegó hasta la casa de don Juan, contempló por un instante la tragicómica escena, se acercó y los soltó a los tres, sin aún decidir qué hacer.

— Hay que convocar a una reunión urgente — le gritó don Juan energúmeno—, esto lo tiene que pagar ese negro, es una humillación que no podemos tolerar.

— Voy a la casa del gobernador — fue lo único que atinó a decir García, quien estaba sorprendido por la actuación de Gloria Inés, que aún lloraba como una víctima.

— Yo iré al cuartel — dijo don Juan, corriendo al interior de la casa a buscar ropa para vestirse.

XXVI

La reunión se realizó el mismo día, en el despacho del gobernador y a ella asistieron las autoridades civiles y militares, casi todos los hacendados, mineros y en general, todos los dueños de esclavos.

— Tenemos que tomar medidas contundentes, lo de eliminar a este negro no da espera...

— Fue un verdadero desafío, no solo a la autoridad y al gobierno local, sino, a la misma corona española.

— Una cosa es su palenque de negros y otra bien diferente es que venga a meterse a nuestro rancho...

— Dicen que están construyendo otros palenques.

— Y que está sonsacando a todos los esclavos para que se unan a su causa...

— Y también que a nuestras mujeres... por ahí dicen...

— ¡Basta de chismes, señores!... ¿qué hacemos?

— Pero eso es cierto, señor gobernador, por casualidad fui testigo de un encuentro clandestino que tuvo ese negro con doña Gloria Isabel de Palacio, días antes de la toma a la ciudad.

— ¿Por qué no había dicho nada, alguacil?

— Porque es un tema muy delicado, señor... pensé que era otra cosa.

— Hay que acabar con él.

— ¿Y si lo envenenamos?

— Eso podría fallar, recuerde que son brujos.

— Precisamente cuando hablaba de mujeres, y con el debido respeto, me refería a... aprovechar su cercanía con algunas damas nuestras para...

El alguacil García propuso tenderle una trampa, aprovechando su amistad con Doña Gloria Isabel del Suazo, hija del anterior gobernador.

— No me miren así, estoy de acuerdo, ya lo había pensado...pero si se lo digo yo, va a sospechar...

— Además, después de lo que ha contado el alguacil, tenemos que buscar la forma de contrarrestar a su mujer, don Juan, usted sabe... corremos el riesgo de que le avise.

— Podemos mandarle una invitación a nombre de mi esposa... le tiene mucha consideración... son algo amigas, por tratarse de la hija de mi antecesor.

La idea propuesta era hacerlo llegar hasta la entrada de la ciudad creyendo que Gloria Isabel lo necesitaba con urgencia, cuidándose muy bien de que ésta no sospechara nada.

De acuerdo a lo planeado enviaron un mensajero, quien llegó al palenque pidiendo hablar personalmente con Benkos, diciendo que le llevaba un mensaje de doña Gloria Isabel de Suazo, que era de vida o muerte.

— Debe llegar hasta la puerta de la ciudad apenas anochezca. Debe hacer lo posible por no llamar la atención. Ella le indicará en qué momento entrar.

Benkos escuchó con atención, sorprendido porque era la primera vez que un mensaje de Gloria Isabel no era llevado por Mamakay personalmente, pero pensó que de ninguna manera podía dejar de acudir al auxilio de una persona que lo había ayudado y arriesgado tanto por él.

Mawa quien escuchaba la conversación con el mensajero guiada por su sexto sentido, que le hacía sentir que algo no estaba bien, trató de impedirle la salida diciéndole que había visto a su madre en el humo del tabaco y que ésta le había anunciado una traición.

Pero Benkos se enfadó creyendo que se trataba de una escena de celos de su mujer a quien no le gustaba para nada su amistad tan cercana con Gloria Isabel y le repetía siempre que podía, que esa blanca lo que estaba era enamorada de él.

— No sería justo — le dijo —, es la persona que más nos ha ayudado desde el principio y ahora necesita de mí.

A pesar de las dudas y las advertencias, tomó la decisión de ir. Escogió solo a seis de sus mejores hombres para no llamar la atención, de acuerdo a lo dicho por el mensajero y un poco antes de que anocheciera, partió hacia la ciudad.

En Cartagena la trampa se alistaba. La idea era rodearlo, haciéndolo entrar a la ciudad y atraparlo apenas cruzara la puerta, dejando a algunos hombres escondidos afuera para impedirle la retirada en caso de que algo pasara. Para esto habían dispuesto de toda la tropa.

Tanto movimiento de militares y el nerviosismo que se notaba en las autoridades que a pesar de la hora se veían en la calle, llamó la atención de Mamakay, quien había salido a realizar unas compras para su ama.

De inmediato se puso a indagar, hasta que un esclavo de la casa de don Juan, le contó que había escuchado que le habían tendido una trampa a Benkos y que lo esperaban para atraparlo y que le habían dicho que doña Gloria Isabel lo necesitaba.

Mamakay, angustiada, corrió a avisarle a su ama, quien ya se encontraba en ropa de dormir. Gloria Isabel salió como una loca, sin cambiarse, en el mismo instante en que Benkos llegaba a la puerta de la ciudad, corrió por la mitad de la calle dando gritos con la remota intención de que éste escuchara, pero ya era demasiado tarde.

— ¡Benkos!... ¡es una trampa!... ¡es una trampa! — gritaba con desesperación.

Al llegar a la puerta del predio logró escuchar a lo lejos los gritos de Gloria Isabel y comprendiendo la situación intentó devolverse, pero fue rodeado por muchos soldados que trataban de atraparlo y se trenzó en un combate feroz con la guardia a la entrada de la ciudad. Se defendió como un tigre, pero eran muchos hombres. Fue herido y apresado y sus compañeros asesinados.

Recordó en esos momentos las palabras de su padre.

— Por manso que te parezca el león, no te acerques a su boca, que tiene dientes y te puede morder.

Apresado, fue llevado al Tribunal de la Santa Inquisición para que lo condenara por hereje, pero ésta se negó a enjuiciarlo porque consideraba que los negros no tenían alma, de manera que no era asunto suyo. El cabildo presionó, chantajeó para que lo mataran de inmediato.

El gobernador duró dos meses sometiendo a Benkos a tortura en la misma mazmorra para que le diera informes del palenque y para que les ordenara que se desarmaran, sin obtener nada, mientras llegaban noticias de España sobre qué hacer con él. Presionado el gobernador por la clase alta cartagenera, que temía la reacción de la gente, ajustició a Benkos por fuera de la misma ley.

Se le hizo un juicio apresurado por el temor de posibles desórdenes.

— Su nombre — preguntó el juez.

— Benkos Biohó — respondió con orgullo.

— Ese no es un nombre cristiano — reclamó el juez.

— Es mi nombre — dijo secamente Benkos, mirándolo a los ojos.

— Lo acusan de subversivo, de conspirador y de usurpador… ¿a qué se dedica? —indagó el juez, fingiendo seriedad.

— Soy un guerrero… rey del palenque de Matuna — gritó Benkos con rabia.

— El único rey de estas tierras, es el rey de España… ¡Que lo ahorquen! — ordenó el juez.

— ¡Soy lo que muchos no pueden ser: un guerrero!… Siempre lo seré… porque esto no termina aquí… ¡Esto no termina aquí! — amenazó, a pesar de estar en la situación en la que estaba.

De esta manera Benkos Biohó, el negro cimarrón traído de Guinea, líder de los palenques de la Matuna y de los Montes de María, autoproclamado rey del Arcabuco, fue ahorcado en la plaza pública de Cartagena de Indias, por orden del gobernador García Girón, el 16 de marzo de 1621.

Una vez ahorcado Benkos, el gobernador envió una expedición de hombres armados al palenque de Matuna, creyendo que ahora la tarea de acabarlo sería fácil, pero lo encontró desierto.

Por disposición de Wiwa, quien había asumido el mando, se habían trasladado al sudeste de los Montes de María, en donde fundaron San Basilio otro palenque.

Y como lo anunciara Benkos… eso no terminó ahí, porque, según cuentan, nuestro héroe siempre estuvo de regreso y Cartagena de Indias vivió en agitación permanente durante dos siglos.

Las guerrillas negras se multiplicaron y se movían detrás de estacadas de madera y los soldados españoles continuaban sufriendo fracasos en sus esfuerzos por controlar la rebeldía de los negros.

Y fueron muchos los nuevos palenques que surgieron: Matuderé, Tabacal, San Miguel, Betancur, San Benito, Duanga, Bongué, entre otros, cerca de Cartagena, pero hacía el sur también surgieron algunos como Cimarrón y Norosí, sin sumar los de Carate, Cintura, Guamal, Lorenzana, Palizada y Uré en Antioquia. En medio de este estruendo de guerra se hablaba de los ahorcamientos consecutivos durante ciento noventa años de un nuevo Benkos o de un Biohó.

Benkos aparece vivo y es visto por todos los soldados, comandando su ejército de negros cimarrones, en un ataque a una hacienda de Santa Rosa. Y en Cartagena la gente rumora lo dicho por él antes de ser ejecutado: "Volveré de la muerte a seguir luchando por la libertad de estos pueblos a los que hoy hacen sufrir tanto y me instalaré entre ustedes como un fantasma, como una gaviota o como un gato y entonces desesperarán y no tendrán paz mientras tengan esclavos."

Según los informes de los gobernadores de Cartagena de Indias al rey de España, Benkos muere una y otra vez.

El último decenio del siglo XVII estuvo lleno de agitación, terror, encuentros violentos y amagos de nuevos pactos de paz. Y todo el mundo comentaba que Benkos seguía comandando a sus hombres y que ahora sí era invencible porque había regresado de la muerte.

El mensaje fue transmitido al rey y propició la cédula real de Agosto de 1691, que declaraba libre a los negros cimarrones y que cayó muy mal en la población blanca de Cartagena.

Ahora la gobernación de Cartagena tenía un nuevo movimiento rebelde: El de los propietarios de esclavos, descontentos con la libertad de los negros.

De tal manera que la cédula real que hacía libres a los cimarrones, nunca se cumplió.

La sevicia de las milicias españolas aumentó, mataban a los negros y colgaban sus cabezas en la plaza pública.

Pese a toda esa violencia, los cimarrones comandados por el espíritu de Benkos, volvieron a arremeter. Robaron, quemaron, machetearon y reclamaron el cumplimiento de la cédula real.

En ese ambiente, apareció como mediador, el obispo de Cartagena, fray Antonio María Cassiani, quien propuso celebrar un pacto de cumplimiento de la cédula real, con mutuas concesiones a uno de los palenques en las faldas de los Montes de María, al cual le dio el nombre de San Basilio, el cual es acogido por la corona española y exigido a las autoridades de Cartagena.

De esta manera San Basilio de Palenque, se convirtió oficial y realmente en el primer pueblo de América, independiente de la corona española.

Y en la tradición oral, Benkos se convirtió en el héroe de una leyenda... el héroe de la Matuna.

Fin

Iván González García

Narrador, dramaturgo y gestor cultural. Ha sido maestro durante más de 20 años. Fue Director del Teatro Adolfo Mejía (Heredia) en Cartagena, Coordinador del Sistema Nacional de Formación Artística y Cultural del Ministerio de Cultura, Asesor de Calidad de la Secretaría de Educación de Cartagena y Coordinador Cultural y Artístico del Instituto Distrital para la Protección de la Niñez y Juventud de Bogotá. Es autor de los libros: La pelota caliente, El Pagadiario, y Locos por Martina, entre muchos otros.

www.ingramcontent.com/pod-product-compliance
Lightning Source LLC
Chambersburg PA
CBHW071918120726
48001CB00005B/1772